2008, Editora Fundamento Educacional Ltda.
Editor e edição de texto: Editora Fundamento Educacional
Capa e editoração eletrônica: Editora Fundamento Educacional
CTP e impressão: Sociedade Vicente Pallotti

Dados Internacionais de Catalogação na Publicação (CIP)
(Câmara Brasileira do Livro, SP, Brasil)

Halfeld, Mauro
   Seu imóvel : como comprar bem / Mauro Halfeld – São Paulo – SP : Editora Fundamento Educacional, 2008.

   1. Finanças pessoais 2. Imóveis – Compra e venda 3. Investimento em imóveis 4. Administração 5. Economia I. Título.

02-2462   CDD-333.33

Índices para catálogo sistemático:
1. Compra de imóveis : Economia   333.33
2. Imóveis : Compra : Economia: 333.33

Fundação Biblioteca Nacional
Depósito legal na Biblioteca Nacional, conforme Decreto n.º 1.825, de dezembro de 1907.
Todos os direitos reservados no Brasil por Editora Fundamento Educacional Ltda.
Impresso no Brasil
Telefone: (41) 3015 9700
E-mail: info@editorafundamento.com.br
Site: www.editorafundamento.com.br

*À memória
de meus avós Regina e Mário.*

SUMÁRIO

Apresentação 9

Capítulo 1 – Por que comprar imóveis? 11
    Todo rico que eu conheço investe em imóveis 11
    "Não gosto de imóveis porque eles não têm liquidez" 12
    Por que a valorização exige tanta paciência? 13
    Geralmente, não há "marcação a mercado" em imóveis 14
    Compre imóvel, mas não deixe de ter uma reserva para
        emergências 15
    Existem razões não financeiras para se comprar um imóvel 17
    "Quem casa quer casa" 17
    Imóveis em sua previdência privada 17

Capítulo 2 – Como escolher o imóvel ideal? 19
    Salas e escritórios 20
    Lojas de rua 23
    Lojas de *shopping* 25
    Vagas de garagens 25
    Residências 27
    Flats 40
    Lofts 43
    Lotes de terreno 44
    Terrenos e casas em condomínio fechado 47
    Imóveis na planta 49
    Construir a própria casa 50
    Imóveis para lazer 51
    A compra comentada 54
    Novas ferramentas de *marketing* imobiliário 59

Capítulo 3 – O que influencia o preço dos imóveis? 60
    "Quanto posso gastar em uma reforma?" 62
    Que tipo de imóvel se deprecia mais? 63
    Você pode pagar menos impostos sobre os aluguéis 65
    Como o Governo pode ajudá-lo a investir em imóveis 66
    Como funciona o Imposto de Renda sobre o ganho de capital
        em imóveis? 66

Capítulo 4 – Como juntar o dinheiro necessário 70
- Roteiro sugerido...71
- Juntar dinheiro e ainda curtir a vida?..77
- Quando ensinar finanças a seus filhos 80

Capítulo 5 – Aluguel: pagar, fugir ou receber? 82
- "Estou solteiro…"...82
- Para quem está com a vida definida…..85
- Alguns inconvenientes de ser inquilino..86
- O que é denúncia vazia?...87
- Por que fugir do aluguel?..88
- O que fica no bolso do locador?...89
- Não exagere 91
- Sua casa não é um troféu..91

Capítulo 6 – Novidades no mercado imobiliário:
títulos de capitalização, consórcios e fundos 95
- Títulos de capitalização: aposta ou investimento?...............................95
- Com sorte no consórcio?..97
- Como funciona?..97
- "No consórcio, não se pagam juros. Não seria melhor do que tomar um financiamento?" 99
- Mas o Banco Central não supervisiona os consórcios?.......................99
- Minhas sugestões para o aprimoramento da indústria de consórcios...100
- Fundos imobiliários 102

Capítulo 7 – Alternativas para financiar a casa própria............106
- "Preciso ter muito dinheiro para comprar um imóvel".......................106
- "O que eu preciso saber antes de conversar com o funcionário do banco?"..106
- O que é Sistema Price? 108
- O que é SAC?..110
- O que é SACRE?..111
- O que é melhor: Sistema Price ou SACRE?.......................................112
- O que você prefere? Tabela Price ou SACRE?...................................116

Por que alguns mutuários têm um saldo devedor muito maior que o valor de mercado do imóvel, depois de pagar mais de cinco anos de prestações?...116
Como posso financiar a casa própria?...118

Capítulo 8 – Direito imobiliário na prática 121
O começo...122
Compra e venda de imóvel pronto 125
Apartamento no litoral e laudêmio..126
Compra e venda de imóvel na planta ou em construção....................126
Hipoteca e alienação fiduciária..129
Leilões judiciais 130
Documentação...130
Contratos de gaveta 131
Compra de imóvel alugado 132
Boa compra!..133

Capítulo 9 – Objetivo final..134

Apresentação

O que são imóveis? Terrenos, tijolos, madeira, concreto, vidros, azulejos... Mais de 6 bilhões de seres humanos habitam barracos, casas ou apartamentos. Estima-se que um terço de todo o capital existente no planeta esteja investido em imóveis.

No Brasil, a participação da construção civil no PIB, em 2005, foi de 7,3%. Ao mesmo tempo, produziu 3,7 milhões de empregos diretos[1]. Por dar oportunidades a profissionais pouco qualificados, o setor habitacional merece um tratamento especial da sociedade brasileira.

Infelizmente, temos poucos estudos acadêmicos no Brasil sobre o mercado imobiliário. Nossos dados históricos sobre o assunto são raros e pouco confiáveis. Alguns chegam a dizer que investir em imóveis é uma arte, não uma ciência.

Temos que começar a mudar isso. Precisamos conhecer mais os aspectos estratégicos e financeiros de um gigantesco mercado que não pára de crescer. Afinal, não é possível que decisões tão importantes sejam baseadas apenas na intuição ou em dicas de parentes ou amigos.

Sou muito grato aos meus alunos e colegas da USP e da UFPR que aperfeiçoaram muitas das idéias contidas neste livro. Agradeço também aos funcionários do Arquivo do Estado de São Paulo, da Biblioteca Nacional do Rio de Janeiro e da Biblioteca Pública de Curitiba que me disponibilizaram jornais desde 1942, uma preciosa fonte de estudos da história financeira brasileira.

---

[1] Fonte: Câmara da Construção Civil – CBIC

"O melhor negócio da Terra é terra."
— *Louis Glickmann*

Capítulo 1

Por que comprar imóveis?

Todo rico que eu conheço investe em imóveis

Uma grande revista semanal[1] publicou, há algum tempo, um suplemento especial sobre investimentos. Algumas celebridades falaram sobre seu patrimônio. Todas declararam ter imóveis.

E você? Muito provavelmente, seus amigos "bem de vida" investem em imóveis. Não é para menos. Uma nação que enfrentou altíssimas taxas de inflação durante longos anos e que assistiu a atos governamentais prejudicando os poupadores em renda fixa identifica nos imóveis um "porto seguro".

---

[1] **Revista Veja**, ano 34, n. 44, novembro 2001.

"Não gosto de imóveis porque eles não têm liquidez"[2]

Ainda bem! Penso eu.

Uma característica típica desse investimento é sua baixa liquidez. Geralmente, não é fácil vender. É preciso avaliar, anunciar, contratar corretores, acompanhar dezenas de visitas, dar descontos e, enfim, receber o dinheiro.

Em geral, considero a falta de liquidez uma virtude. Os investidores em imóveis estão conscientes de que precisam esperar alguns anos para lucrar com o negócio. Ao contrário de muitos investidores em ações, eles não ficam se perguntando diariamente se devem ou não vender suas propriedades. Mesmo diante de terríveis notícias nos telejornais,

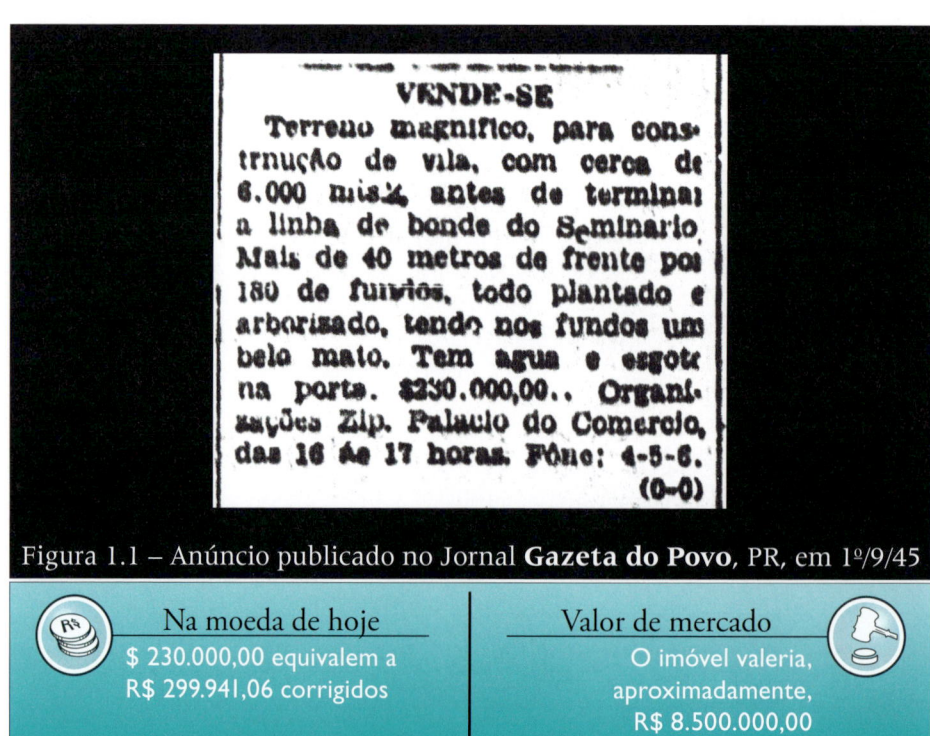

Figura 1.1 – Anúncio publicado no Jornal **Gazeta do Povo**, PR, em 1º/9/45

Na moeda de hoje	Valor de mercado
$ 230.000,00 equivalem a R$ 299.941,06 corrigidos	O imóvel valeria, aproximadamente, R$ 8.500.000,00

---

[2] Liquidez de um bem é a facilidade com que se pode transformá-lo em dinheiro.

dificilmente pensam em vender. Por isso mesmo, não costumam tomar decisões precipitadas. Graças a isso, podem compartilhar os ganhos obtidos com o desenvolvimento da cidade e do país. São acréscimos lentos e imperceptíveis no curto prazo, mas, no longo prazo, costumam ser vigorosos.

Você duvida? Então procure uma foto de sua cidade de trinta ou quarenta anos atrás. Provavelmente ela terá evoluído bastante. Quem manteve seus imóveis ao longo desses anos deve ter lucrado muito.

O anúncio da figura 1.1 foi publicado no jornal **Gazeta do Povo**, de Curitiba, em 1º de setembro de 1945. Observe que "esgoto na porta" era algo muito importante naquela época. O bonde também. Hoje, a região onde o terreno está localizado é uma zona valorizada de uma das mais importantes capitais brasileiras. Atualizando os valores pela inflação, chegamos a R$ 299.941,06. O preço de mercado do imóvel, em 2008, é de R$ 8,5 milhões.

Por que a valorização exige tanta paciência?

No curto prazo, o ser humano é um tanto pessimista. Imagine-se diante de uma banca de revistas.

A manchete do jornal **A** diz:

- "Avião cai ao decolar de Congonhas. Cem passageiros morrem."

A manchete do jornal **B** diz:

- "Noventa mil aviões decolam de Congonhas por ano. Um caiu."

Adivinhe qual jornal vai vender mais?

Os especialistas não têm dúvida de que o jornal **A** vai "estourar" de vender. O jornal **B** vai ficar "encalhado".

Impressionar-se com notícias ruins faz parte da natureza humana. O comprador de um imóvel semelhante ao do anúncio de Curitiba também deve ter lido muitas manchetes negativas desde 1945 sobre o que acontecia no Brasil e em sua região. As boas notícias nem sempre mereceram destaque. Por exemplo, quando a linha de ônibus substituiu o bonde ou o asfalto, a TV, o telefone com DDD e a internet chegaram ao imóvel, não tiveram o mesmo espaço no noticiário. Tais benfeitorias ajudaram muito a valorização desse imóvel. Apesar de todas as crises presenciadas de lá para cá.

Nesse aspecto, um imóvel é bem parecido com um conjunto de ações de empresas. Você vira sócio da prosperidade humana. À medida que a comunidade evolui, passa a demandar novos serviços e melhorias. Isso tudo é adicionado ao valor do imóvel.

Feliz o investidor que tem paciência para colher os frutos!

Geralmente, não há "marcação a mercado" em imóveis

Em 31.5.2002, os fundos de renda fixa foram obrigados a fazer uma "marcação a mercado", isto é, a contabilizar todos os seus títulos, de acordo com o preço do dia. Isso causou desconforto a muitos clientes, que tiveram perdas com a medida.

Felizmente, é muito difícil "marcar a mercado" um imóvel. Por isso mesmo, eles são considerados pouco voláteis, isto é, razoavelmente estáveis. Se Manoel comprar um apartamento por R$ 100 mil, hoje, ele dificilmente aceitará vendê-lo por menos. Mesmo que um vizinho concretize uma venda por, digamos, R$ 90 mil, Manoel terá bons argumentos para ainda acreditar que sua propriedade não se desvalorizou. Ele pode dizer que o apartamento do vizinho era "malcuidado"; que os armários embutidos eram de "mau gosto"; que o vizinho era desleixado; ou, simplesmente, pode supor que o vendedor estava "apertado" e precisou abaixar o preço. Tudo isso ajudará Manoel a dormir tranqüilo, acreditando que seu capital está preservado.

Assim, "fazemos do limão uma limonada". A falta de "marcação a mercado"[3] no imóvel pode ser muito útil, porque ela mantém muitos de seus investidores calmos, impedindo-os de fazer bobagens, vendendo ou comprando de acordo com os humores do mercado financeiro.

Compre imóvel, mas não deixe de ter uma reserva para emergências

Quando você compra um imóvel, está congelando seu dinheiro. Tecnicamente, diz-se "imobilizar". Isso provoca graves conseqüências na vida financeira de uma família.

O sono de Manoel estará seriamente prejudicado se ele realmente precisar vender o imóvel diante de uma emergência. Se for para pagar uma cirurgia, por exemplo, Manoel terá que contar com um boa dose de sorte, para não ter prejuízos em uma venda rápida.

Por isso, sugiro que o investidor em renda variável (imóveis, ações ou negócios próprios) tenha sempre uma boa reserva para emergências em aplicações líquidas: renda fixa, caderneta de poupança ou ativos dolarizados (ouro, por exemplo).

---

[3] Pode haver "marcação a mercado" quando o imóvel se valoriza. Manoel dorme feliz quando descobre que o vizinho vendeu seu imóvel por, digamos, R$ 150 mil.

Por que comprar imóveis?

Dê um apartamento no Jardim América para a sua filha. Aquele barbudinho é até capaz de casar com ela.

Muita gente diz que não casa por falta de um cantinho para viver.

Não seja por isso: a partir de Cr$155.234,00 já se pode arranjar um cantinho lá no Jardim América.

Na Rua da Consolação, 3.638, juntinho da Estados Unidos, a Urupês está entregando novos apartamentos sob medida para a vida a dois.

Com um dormitório para o casal.

E outro para quando o casal iniciar a produção.

Cada apartamento tem também uma ampla sala em L.

Uma perninha do L para receber a visita da família.

E a outra maior para receber a visita dos amigos.

Tem ainda banheiro com azulejos decorados, garagem privativa, esquadrias de alumínio e telefone interno.

E, é claro, as outras dependências.

Urupês
Rua Bahia, 747 - Fones: 256-6024, 256-0095 e 256-4508.
(Informações das 9 às 18h.)

Em resumo: mesmo que você dê só o dinheiro da entrada para a sua filha morar no Jardim América, o barbudinho casa.

E é capaz até de arranjar um emprego para continuar pagando as prestações.

Informações no local das 9 às 21 horas.

A partir de Cr$ 155.234,00. Tem tudo quanto é plano de pagamento, inclusive o plano "Faça você mesmo".

Figura 1.2 – Anúncio publicado no Jornal **O Estado de S. Paulo**, SP, em 2/2/74

Na moeda de hoje
Cr$ 155.234,00 equivalem a R$ 279.700,52

Valor de mercado
Aproximadamente R$ 180.000,00

Existem razões não financeiras para se comprar um imóvel

Não sei se o apelo desse criativo anúncio, apresentado na figura 1.2, foi atendido apenas pelos candidatos a avós. De qualquer forma, quem comprou aquele apartamento não fez um negócio tão bom. O bairro Jardim América já era muito valorizado em 1974. Na moeda de junho de 2008, o preço equivaleria a R$ 279.700,52. Entretanto, o jovem casal deve ter economizado mais de R$ 300 mil, se considerarmos um aluguel médio de 0,5% ao mês, aplicado desde 1974.

Desejo que outros aspectos não financeiros do anúncio tenham sido concretizados pelos proprietários. Possivelmente, alguns paulistanos, "trintões" hoje, foram "produzidos" ali.

"Quem casa quer casa"

Aí está um motivo muito comum para se comprar um imóvel. Jovens casais abrem mão de gastos desnecessários para juntar dinheiro. Sonham com a casa própria. Um lugar sólido onde a família vai criar os filhos, longe das incertezas de um contrato de aluguel. Considero que a maior virtude do imóvel seja essa capacidade de impor disciplina ao investidor, principalmente àqueles que não contam com a ajuda do futuro sogro, como no anúncio do "barbudinho".

Imóveis em sua previdência privada

Comprar imóveis para complementar a renda na aposentadoria é uma interessante estratégia. A valorização, no longo prazo, tem superado a inflação e você ainda pode obter uma boa renda de aluguéis.

Por que comprar imóveis?

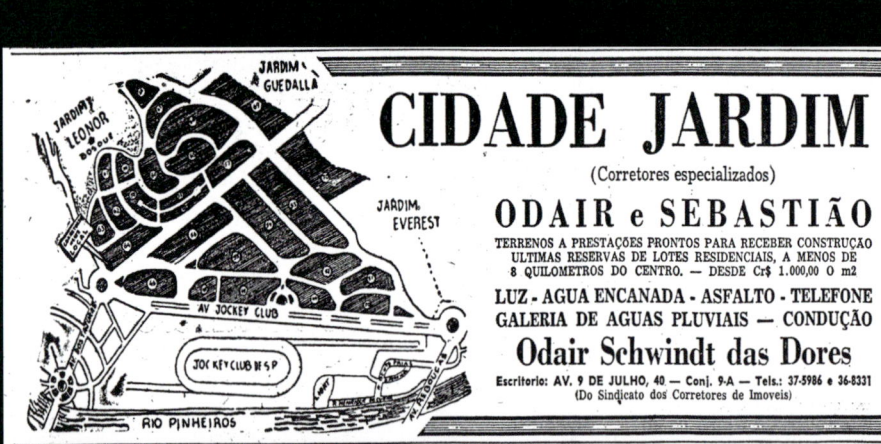

Anúncio publicado no Jornal **O Estado de S. Paulo**, SP, em 1º/6/58

Na moeda de hoje	Valor de mercado
Cr$ 1.000,00 = R$ 216,78 por m²	Aproximadamente R$ 1.375,00 o m²

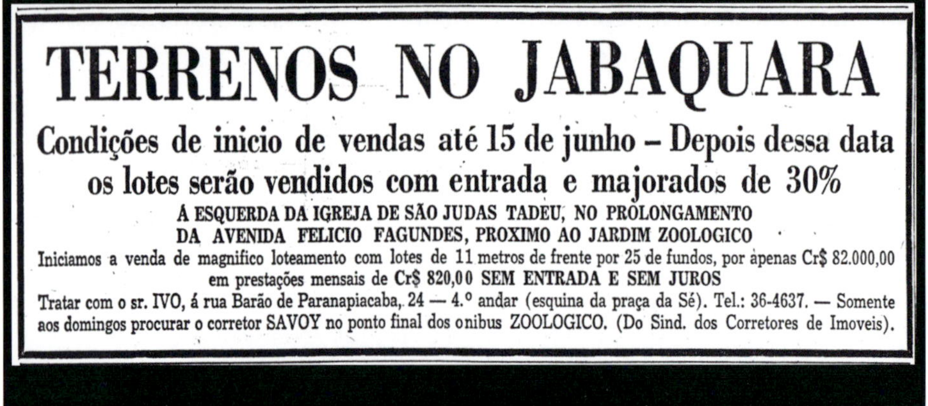

Anúncio publicado no Jornal **O Estado de S. Paulo**, SP, em 1º/6/58

Na moeda de hoje	Valor de mercado
Cr$ 82.000,00 = R$ 17.758,24	Aproximadamente R$ 1.310,00 o m² 275m² = R$ 360.250,00

> "Todo homem que investe em um imóvel bem selecionado, em uma comunidade próspera, adota o método mais seguro de se tornar independente. Imóvel é a base da riqueza."
>
> *Theodore Roosevelt*

Capítulo 2

Como escolher o imóvel ideal?

Quando você compra um sapato ou uma blusa, pode se dar ao luxo de ter um pouquinho de preguiça ao comparar preços. Na pior das hipóteses, você desperdiçará o valor de um jantar. Por outro lado, escolhas equivocadas no mercado de imóveis podem significar muitos anos de trabalho. Por isso, seja muito criterioso e exigente!

Você pode obter dinheiro com imóveis de duas maneiras: ganho de capital (valorização) ou renda de aluguéis. Um terreno dificilmente gera aluguel, mas pode ter grande valorização. Por sua vez, um pequeno apartamento pode ser uma "galinha dos ovos de ouro", rendendo aluguéis constantes, além de alguma valorização ao longo do tempo.

Seu patrimônio, no fim de vinte ou trinta anos, dependerá muito da renda de aluguel gerada pelos imóveis. A depreciação com o uso também será um fator importante na definição do valor de sua riqueza. Por isso, vamos discutir detalhadamente esses aspectos.

Neste capítulo, vamos apontar também vantagens e desvantagens de diversos tipos de imóveis sob o ponto de vista de um investidor.

Salas e escritórios

Médicos, dentistas, advogados e psicólogos necessitam de um escritório para trabalhar. Nos últimos anos, viu-se uma acentuada procura por salas pequenas, a partir de 27 m², com um ou mais banheiros. Reuniões e visitas passaram a ser agendadas para salas mais luxuosas, compartilhadas com vizinhos do condomínio. O mobiliário das recepções e o estilo das fachadas foram incrementados. O uso intensivo da internet privilegiou regiões e prédios com instalações de fibra ótica. Inovação que veio para ficar.

Salas minúsculas dentro de prédios sofisticados fazem sucesso neste início de século: praticidade, conforto e custos reduzidos. O preço mais baixo dessas unidades atraiu um grande contingente de compradores. Muitos investidores de médio porte aplicaram suas poupanças em salas com o objetivo de complementar a renda familiar. Só que, em 2005, sobravam imóveis nos grandes centros urbanos. Agora, em 2008, vemos uma nova onda de valorização desse segmento. Como tudo na economia, o mercado imobiliário também é cíclico.

Grandes empresas continuam a alugar andares inteiros. Edifícios inteligentes redobram a atenção com itens de segurança. Catracas eletrônicas, câmeras, equipamentos para confeccionar crachás são comuns nos grandes prédios comerciais de todo o país. Pisos elevados que facilitam a instalação de fios de computadores tornaram-se exigência básica no mercado corporativo. Inovações que também vieram para ficar.

Vantagens (salas e escritórios)

- O proprietário tem poucos gastos com manutenção. O inquilino, em geral, cuida de manter o imóvel em bom estado de conservação, afinal, é um local para receber clientes.

- Salas compactas reduzem a necessidade de capital para investir. Ficou mais fácil comprar.

- É possível diversificar, comprando salas em diferentes prédios e regiões. O preço, mais baixo, ajuda.

- Pequenas empresas de serviços surgem todos os dias. Muitas irão preferir as salas compactas, bonitas e baratas.

- É um tipo de imóvel que costuma não ser atingido por leis de proteção aos inquilinos. Há mais flexibilidade nos seus contratos de locação.

 ## Desvantagens (salas e escritórios)

- Os preços mais baixos das pequenas salas permitem que profissionais liberais deixem de pagar aluguel para se tornarem proprietários. Assim, o universo de potenciais locatários não cresce tanto quanto o esperado.

- As taxas de condomínio tornaram-se elevadas. Segurança, limpeza, móveis sofisticados e elevadores de última geração consomem cada vez mais dinheiro dos condôminos.

- É comum haver ineficiência na gestão dos condomínios. Ao contrário dos prédios residenciais, aqui não se pode contar com um exigente vizinho para fiscalizar todas as despesas realizadas. Quase ninguém confere os gastos do condomínio comercial. Ninguém tem tempo.

(continua)

(continuação)

> São muito sensíveis a oscilações na Economia. Quando ela está aquecida, há uma enorme procura por locações. Quando há uma desaceleração, sobram salas.

> O luxo exigido nas recepções tem aumentado a exposição do imóvel aos riscos de obsolescência. Todo jovem profissional vai dar preferência a um prédio com linhas contemporâneas, isto é, na moda. Péssimo para o investidor de longo prazo que dificilmente conseguirá evitar que seu prédio fique desatualizado. Ele terá que reduzir o preço do aluguel para enfrentar a concorrência a cada onda de inovações.

> Pequenas empresas têm dificuldades para sobreviver. Tal tipo de inquilino pode trazer aborrecimentos, como atrasos no aluguel ou desistências no meio do contrato.

> A localização do prédio é essencial. O problema é que existem modismos em algumas cidades. Em São Paulo, por exemplo, poucos desejam escritórios no centro velho. Depois de uma temporada na Avenida Paulista, muitas empresas mudaram-se para a Avenida Faria Lima e, hoje, algumas já ocupam a região da Avenida Berrini. Péssimo para o investidor de longo prazo que não consegue acompanhar as mudanças. A única maneira de evitar essa desvantagem seria uma mudança em nossa mentalidade. Precisamos deixar de idolatrar tudo o que é novo e revitalizar nossos antigos centros comerciais. Chicago fez isso muito bem. Nova York, outro dia mesmo, adaptou antigos prédios para receber as jovens empresas de internet. Das cidades européias, não preciso nem falar. Será que os brasileiros vão continuar a desperdiçar toda a infra-estrutura já existente nos antigos centros urbanos?

Lojas de rua

*"O que importa, não é o **quanto** você investe, mas **onde** você investe."*
Ditado popular

Apesar das crises, a população cresce e as áreas comerciais se expandem. Diz-se que no varejo há três segredos para o sucesso: ponto, ponto e ponto. Em outras palavras, a localização é o critério-chave para lojas de rua.

É um mercado controlado por profissionais experientes. Muitos são comerciantes tradicionais. Um novato vai ter dificuldades em descobrir os segredos do negócio. Não é tão simples descobrir que "o lado direito da rua vende muito mais". Ou que "as lojas situadas depois do cruzamento com a rua tal" são um verdadeiro "mico". Ninguém melhor do que os comerciantes do local para conhecer tais detalhes. Só que não costumam alardear seus conhecimentos. Quando se coloca à venda uma loja de rua, em um bom ponto, eles são os primeiros candidatos a comprar.

O potencial de uma loja bem localizada é, quase sempre, muito bom. Podem-se exigir luvas[1] em contratos mais longos e não é preciso fazer obras. O novo locatário deve estar suficientemente empolgado para fazer uma bela reforma. Os aluguéis podem atrasar, mas estarão no topo da lista de prioridades de qualquer inquilino de loja. Afinal, é dali que ele "tira o pão".

Apostas lucrativas são feitas nos bairros de periferia. Buscar lojas em ruas movimentadas, próximas de terminais de ônibus é como garimpar ouro. Dá trabalho, mas a recompensa é muito alta.

Lojas de rua são menos expostas a modismos. Pode haver até uma certa mudança no estilo das casas comerciais, mas, enquanto houver público, sempre haverá alguém interessado em montar um comércio ali, seja uma butique, um cabeleireiro ou um pequeno botequim.

---

[1] Luvas são valores cobrados no início de contratos de locação comercial.

Vantagens (lojas de rua)

▸ Sofrem menos depreciação².

▸ O aluguel é comercial, geralmente livre de intervenções do governo.

▸ As reformas, quase sempre, são por conta do inquilino.

▸ Em muitos casos, funcionam como o vinho: "quanto mais velho melhor". Quem dá sorte de acertar o ponto comercial vê seu imóvel valorizar-se a cada ano.

▸ Pode haver cobrança de luvas em contratos mais longos.

▸ Geralmente não pagam taxas de condomínio.

Desvantagens (lojas de rua)

▸ Exigem um capital maior.

▸ O que realmente é bom costuma nem ser anunciado. É vendido da noite para o dia.

▸ É difícil descobrir detalhes sobre a melhor localização.

▸ Profissionais experientes dominam o ramo. Os principiantes precisam pesquisar muito para não comprar um "mico".

▸ A falta de segurança nas ruas afugenta parte dos consumidores que darão preferência aos shoppings.

▸ Camelôs oferecem uma concorrência desleal em algumas regiões.

---

² Depreciação é a redução no valor do imóvel causada pelo desgaste com o uso.

Lojas de *shopping*

Os principais *shoppings* não vendem suas lojas. Elas pertencem a um grupo de investidores que se unem para construir e administrar o empreendimento. As lojas são locadas e, geralmente, há cobrança de luvas. Os aluguéis têm uma parte fixa e outra variável, de acordo com o porcentual das vendas da loja. Freqüentemente, os lojistas reclamam de preços elevados nos condomínios e nas taxas de publicidade.

Vantagens (lojas de *shopping*)

- As lojas de *shopping* oferecem segurança.
- Há a possibilidade de atrair um grande público que passa muitas horas de lazer nessas "catedrais de consumo".
- Compartilham despesas de publicidade.

Desvantagens (lojas de *shopping*)

- Pode haver saturação em determinadas regiões.
- O lojista depende muito da competência administrativa do *shopping*.

Vagas de garagens

Os centros urbanos e alguns bairros mais densamente ocupados têm carência de vagas de garagem. Os modelos populares de automóveis lançados no início dos anos 90 facilitaram a compra do segundo e até do terceiro carro da família de classe média. Excesso de procura por vagas gera aumento de preços na locação e na venda. Uma oportunidade que se abre para os investidores.

Vantagens (vagas de garagens)

▶ As vagas em garagens sofrem pouca depreciação ao longo do tempo.

▶ Seu baixo valor facilita a compra de várias unidades, possibilitando boa diversificação.

▶ A procura tende a aumentar à medida que a população adquire mais automóveis.

▶ A inadimplência é baixa, porque o valor do aluguel é relativamente baixo.

Desvantagens (vagas de garagens)

▶ O baixo valor das unidades de vagas em garagens faz com que as despesas com escritura e registro tornem-se, proporcionalmente, altas.

Dicas

▶ Dê preferência a vagas confortáveis e em edifício-garagem, com amplas rampas ou com bons elevadores. Esses fatores aumentarão a liquidez na venda e na locação.

▶ Andares baixos são mais valorizados em edifícios com rampa.

Residências

Todos precisam de um teto para morar. Os imóveis mais baratos, dentro desta categoria, são os últimos a serem atingidos por uma crise econômica. Além disso, é muito mais fácil para qualquer pessoa selecionar uma residência do que um imóvel comercial ou industrial. Todo mundo sabe, razoavelmente, avaliar os requisitos básicos de uma moradia. O mesmo não se diz de imóveis industriais, por exemplo.

Entretanto, imóveis residenciais correm o risco de ser prejudicados por alguma lei que, em princípio, visa proteger os inquilinos. A lei do inquilinato de 1942, por exemplo, congelou os aluguéis residenciais até 1964[3]. Outras impuseram limites para reajustes ou dificultaram a retomada de imóveis pelos proprietários. Quase sempre, o tiro "pegou no próprio pé". Os aluguéis antigos ficaram baratíssimos, mas os novos eram exageradamente altos. Nada justo...

Por conta disso, muitos investidores fugiram do mercado de residências, e as casas e apartamentos para locação começaram a faltar. O preço dos aluguéis novos disparou. Quem precisava se mudar acabou pagando aluguéis muito altos. O mercado ficou desnorteado. No início da década de 90, era essa a situação no Brasil. A nova lei do inquilinato (Lei nº 8.245, de 18 de outubro de 1991) deu mais liberdade aos contratos.

---

[3] **Nova Política Habitacional Brasileira**. FINATEC/UNB, 2002.

VANTAGENS (RESIDÊNCIAS)

▶ São mais fáceis de selecionar; não exigem grandes conhecimentos do investidor.

▶ Sofrem menos em períodos de crise.

DESVANTAGENS (RESIDÊNCIAS)

▶ Necessitam de reformas ao longo dos anos.

▶ Há risco de novas leis protegendo excessivamente o inquilino.

▶ São expostas a modismos.

Residências de alto padrão

As residências mais luxuosas não são muito indicadas para locação. Há riscos maiores aqui. Por exemplo, estão mais expostas a modismos. As cores preferidas para os azulejos costumam mudar; o número exigido de vagas na garagem aumenta; suítes pequenas substituem dormitórios amplos. Tudo isso dificulta a administração do imóvel para locação. A tendência é uma redução na rentabilidade à medida que ele envelhece.

Mas há vantagens também: apenas um apartamento de luxo pode proporcionar uma renda semelhante à obtida em uma dezena de pequenas residências. Menos gente com quem negociar significa redução no número de telefonemas sobre problemas no encanamento e mais tranquilidade nos fins de semana. Por outro lado, pode provocar um grande aborrecimento no caso de inadimplência.

> **DICA**
>
> Em geral, quanto mais baixo for o preço do imóvel, maior o rendimento porcentual do aluguel. Apartamentos de luxo podem ser alugados por 0,6% ao mês do valor do imóvel; barracos em favelas são alugados por mais de 1,5% ao mês. Em outras palavras: o rico paga pouco e o pobre, muito. Triste, mas é a realidade.

Residências modestas

A população brasileira, conforme mostra a figura 2.1, sofreu um grande incremento nas últimas décadas. Simultaneamente, boa parte dela mudou-se do campo para a cidade. Em conseqüência, houve um aumento de assentamentos irregulares e uma expansão descontrolada da malha urbana.

Estima-se que em 2006 havia uma deficiência de 7,9 milhões de unidades habitacionais no Brasil[4]. Em conseqüência, há habitações precárias e coabitações. Boa parte dessa deficiência, 86% para ser mais preciso, atinge famílias com renda inferior a 3 salários mínimos.

Ao mesmo tempo, supõe-se que 1,2 milhão de domicílios sejam locados por famílias com renda de até 3 salários mínimos, que gastam mais de 30% de sua renda com aluguel[5]. A incapacidade do Estado em prover financiamentos imobiliários para essa multidão abriu oportunidades a alguns pequenos capitalistas que se atrevem a investir no segmento de baixa renda. Apesar das dificuldades em administrar um conjunto de pequenos imóveis, é uma atividade que pode ser extraordinariamente lucrativa.

---

[4] **Déficit Habitacional no Brasil 2006**. Agência Brasil.
[5] **Nova Política Habitacional Brasileira**. FINATEC/UNB, 2002.

Figura 2.1 – População brasileira em milhões de habitantes

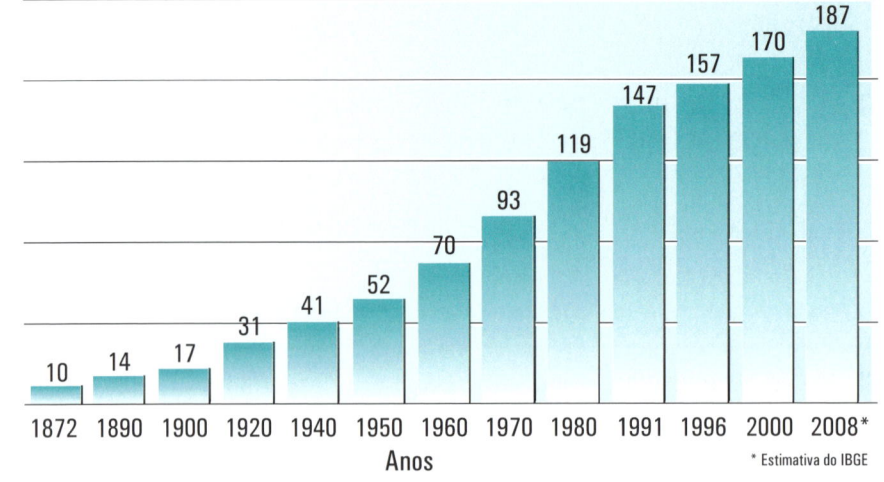

* Estimativa do IBGE

CASO

Fernando é um competente mecânico de automóveis. Aos 25 anos, montou uma oficina em Belo Horizonte (MG) e começou a aplicar economias em pequenas casas para aluguel. A administração ficou a cargo da esposa, Delma. Ela cuidava das reformas, da seleção dos inquilinos e da cobrança dos aluguéis. Concentraram-se em locar para o público de baixa renda, gente humilde que ganha entre 2 e 4 salários mínimos. Trinta e cinco anos depois, o casal administra, hoje, duzentas e oito pequenas moradias. Quase todas situadas no mesmo bairro onde eles construíram uma linda casa para sua família, bem ao lado da oficina mecânica. Têm um patrimônio estimado em mais de R$ 3 milhões que rende, só de aluguéis, R$ 28.500,00 por mês.

A estratégia do casal Fernando e Delma tem alguns aspectos muito interessantes:

> Focaram em um mesmo público: baixa renda e, assim, se especializaram. Quem pensa em vender uma casa no bairro oferece logo ao casal. Quem procura uma residência para alugar pergunta logo na oficina mecânica. Os bons inquilinos indicam os parentes para novas locações. Com a prática, Delma transformou-se em uma especialista na seleção de inquilinos. O índice de inadimplência hoje é baixo.

> Ao se concentrar em um só bairro, o casal não perde tempo com deslocamentos pela cidade. Tudo é resolvido por ali mesmo.

> Alguns profissionais autônomos (pintores, pedreiros, carpinteiros) atendem o casal há anos. Os preços são sempre mais baixos. Eles não querem perder o grande cliente.

> Ao investirem em muitas unidades pequenas, o casal conseguiu uma interessante diversificação. Eles montaram uma invejável carteira[6] de imóveis. Não ganharam em todas as propriedades, mas na maior parte. Foram aprendendo com erros e acertos e repetindo as experiências bem-sucedidas.

A estrutura montada pelo casal, hoje, assumiu proporções muito grandes. Já é bastante profissional. Mas a beleza do modelo é que ele é auto-sustentável e relativamente seguro.

Entretanto, a diversificação, nesse caso, não foi perfeita. Concentrar-se em uma região apenas traz muitos benefícios, conforme citei, mas também traz alguns riscos. O bairro poderia ter sido prejudicado por algum motivo específico: uma fábrica poluente, uma antena de telefone celular ou um presídio. Isso tiraria muito do brilho do investimento de Fernando e Delma.

Não tenho uma palavra final sobre a questão. A prática tem me

---

[6] Carteira é um conjunto de ativos (bens).

revelado muitas experiências vitoriosas entre os que se concentraram em uma região. Ao se tornarem *experts*, obtiveram grandes ganhos. Mas sempre há riscos...

Uma solução intermediária seria ampliar um pouco o foco. Atuar não apenas em um bairro, mas em dois ou três, muito próximos. A compra de pequenas lojas de rua, na mesma região, também seria uma interessante forma de fugir de eventuais restrições legais nos contratos de locação.

DICAS

- Em termos de liquidez, é preferível ter a pior casa de um bom bairro do que a melhor casa de um bairro ruim.

- A localização de um imóvel é tão importante, provavelmente, porque é uma das poucas coisas que você não poderá consertar depois da compra.

- Imóveis residenciais devem estar próximos de:
  - praias, praças bonitas, escolas, universidades e *shoppings*;
  - metrô ou boas linhas de ônibus.

- Devem estar longe de:
  - indústrias poluentes e tudo que emita odores;
  - estradas movimentadas, linhas de trem e aeroportos;
  - boates e bares barulhentos;
  - antenas de celulares ou de transmissão de TV[7]

---

[7] Não há consenso científico sobre eventuais danos à saúde gerados por antenas de celulares.

Seu imóvel

lotes no ponto mais alto do **MORUMBY** COM A MELHOR VISTA SÔBRE S. PAULO

os mais categorizados do

JARDIM

Victória Régia

apenas:

1.599, por mês

entrada:

10%

Saldo financiado em 18 anos sem juros. Rêde de luz • Asfalto • Arborização

Próximo ao estádio do São Paulo F. C., Colégio São Luiz, Faculdade de Ciências Econômicas, São Paulo Graded School e Colégio Pio XII. Ponto final do ônibus Morumby.

Vendas exclusivamente a cargo da:

Vanguarda comercial e imobiliária limitada
Sempre à frente dos grandes empreendimentos imobiliários

Rua da Consolação, 37 - 6.º and.
Tel. 34.9627 - 36-3673
(Do Sindicato dos Corretores de Imóveis)

Corretores no local aos sábados, domingos e feriados.

Anúncio publicado no Jornal **Folha de S. Paulo**, SP, em 26/3/60

 Na moeda de hoje Cr$ 1.599,00 = R$ 200,97 por mês	Valor de mercado Aproximadamente R$ 1.375,00 o m² 

A mágica da reaplicação dos aluguéis

Adriana acaba de comprar uma pequena casa no valor de R$ 15 mil, para obter renda de aluguel.

Cenário 1

Ela consegue um rendimento de 0,7% ao mês sobre o valor do imóvel. Descontando o Imposto de Renda e despesas ocasionais com a manutenção do imóvel, Adriana acredita que terá 0,4% ao mês como rendimento líquido. Isso equivale a R$ 60,00 mensais.

Vamos supor que o valor do aluguel seja reajustado pela inflação, anualmente, e que Adriana consiga reaplicá-lo a, pelo menos, 0,4% ao mês, além da inflação. Supondo que o imóvel fique sem inquilino, em média, dois meses por ano, ela pode acumular R$ 34.682,69[8], razoavelmente protegidos da inflação, no fim de trinta anos. E a pequena casa ainda deverá ter um bom valor se a região tiver se valorizado no período e se a depreciação do imóvel não tiver sido muito exagerada.

RENDA DE ALUGUEL ACUMULADA

Preço do imóvel = R$ 15.000,00
Valor do aluguel mensal = R$ 60,00
Taxa de rendimento líquido mensal = 0,4%
Período = 10 meses x 30 anos = 300 meses

Valor Futuro = R$ 34.682,69 + o valor do imóvel

---

[8] Os cálculos são simples estimativas e visam apenas indicar o poder de crescimento dos aluguéis reinvestidos ao longo de muitos anos. Adaptações serão necessárias caso a caso.

Cenário 2

Supondo que Adriana tenha mais sorte na locação e consiga um rendimento líquido de 0,6% ao mês. Assim seria o resultado:

RENDA DE ALUGUEL ACUMULADA

Preço do imóvel = R$ 15.000,00
Valor do aluguel mensal = R$ 90,00
Taxa de rendimento líquido mensal = 0,6%
Período = 10 meses × 30 anos = 300 meses

Valor Futuro = R$ 75.257,95 + o valor do imóvel

Cenário 3

Contando com sorte e habilidade, Adriana pode até ter um rendimento semelhante ao do casal Fernando e Delma, como se pode visualizar a seguir:

RENDA DE ALUGUEL ACUMULADA

Preço do imóvel = R$ 15.000,00
Valor do aluguel mensal = R$ 225,00
Taxa de rendimento líquido mensal = 1,5%
Período = 10 meses × 30 anos = 300 meses

Valor Futuro = R$ 1.290.881,99 + o valor do imóvel

Surpreso? Confesso que eu também me assustei ao fazer o cálculo... Uma pequena casa de R$ 15 mil pode render R$ 225,00 ao mês se locada para famílias de baixa renda que, usualmente, pagam mais de 1,5% ao mês de aluguel. Teoricamente, se o proprietário conseguir reaplicar o valor do aluguel continuamente, em outras residências semelhantes, transformará seu investimento inicial de 15 mil em quase 1,3 milhão de reais após trinta anos. Um incremento de 86 vezes! Eis a "mágica" da reaplicação dos aluguéis.

O fator-chave será a capacidade de continuar obtendo a taxa de 1,5% ao mês sobre o capital investido. Porém, na prática, nem tudo são flores.

O que pode dar errado nessa estratégia? Um fator é a inadimplência. É uma camada da população muito exposta a variações na Economia. As pessoas dificilmente contam com reservas para emergências e costumam atrasar o pagamento do aluguel diante de adversidades. O segredo do "negócio" é fazer uma boa seleção dos inquilinos e dos fiadores, além de ter "jogo de cintura" nas renegociações. Muitas locações são informais, fugindo do amparo legal.

É preciso sempre lembrar que, nos meses sem inquilinos, o proprietário terá que pagar o IPTU e as despesas de condomínio, se houver.

Outra condição essencial para o sucesso da estratégia é haver um mecanismo de proteção contra os efeitos inflacionários. De nada adianta uma taxa de rentabilidade alta nos primeiros meses se a inflação corroer o poder de compra do aluguel ao longo do contrato. A capacidade de os inquilinos acompanharem os reajustes também será um fator importante.

Imagine a dificuldade de uma família de baixa renda que chega a pagar mais de 1,5% sobre o valor do imóvel como aluguel mensal. É muito difícil libertar-se disso. Infelizmente, o que é uma boa oportunidade aos olhos de um investidor torna-se uma "prisão" aos olhos do locatário pobre.

As margens de lucro no segmento são muito elevadas, mas um dos motivos para que isso aconteça é a dificuldade em se retomar judicialmente o imóvel locado em caso de inadimplência, o que acaba afastando muitos dos possíveis investidores. Ao contrário, se outros pequenos capitalistas se interessassem em entrar nesse negócio, poderia haver um choque de oferta[9] e a rentabilidade dos aluguéis cairia, mudando substancialmente o exagerado resultado final encontrado em nosso cálculo. A sociedade, em geral, agradeceria.

Com a exposição, espero ter deixado claro o forte impacto da taxa de rendimento do aluguel no longo prazo. Pequenos valores tornam-se grandes, no fim de trinta ou quarenta anos de investimento. O capítulo 5 detalha ainda mais o assunto.

Em poucas palavras

Como investidor, você precisa pesquisar alternativas que proporcionem melhores rendimentos. Como inquilino, preocupe-se em poupar e fugir de aluguéis porcentualmente altos se você pretende ficar no imóvel por muito tempo. O feliz proprietário de uma casa deixa de pagar aluguel. O valor economizado, se corretamente aplicado, será muito útil na aquisição de uma segunda casa ou de um plano para aposentadoria, por exemplo.

---

[9] Choque de oferta é um aumento drástico na quantidade ofertada.

Reformas em residências

Uma boa maneira de implementar a rápida valorização do imóvel é por meio de reformas. O importante aqui é descobrir quais são os itens que realmente adicionam valor ao imóvel.

Vejamos algumas mudanças que valorizam uma residência:

- adicionar um dormitório;

- fazer mais um banheiro, transformando um dormitório em suíte;

- acrescentar uma garagem.

Alcides e Júlia compraram, na planta, um lindo apartamento no Jardim Paulistano, em São Paulo (SP). Quatro suítes! Um exagero para um casal cujos filhos já haviam saído de casa. Mas era um desejo antigo, comum em pessoas que trabalharam muito e conseguiram juntar um bom dinheiro com grande esforço. Júlia teve uma idéia: transformar as quatro suítes compactas em duas suítes master e ampliar a sala. Solicitaram a alteração à construtora, que os atendeu prontamente. Oito anos depois, Júlia cansou de administrar um apartamento grande. Ela já passou dos 60 anos e deseja um apartamento menor, com um condomínio mais barato. Alcides colocou o imóvel à venda. Estão, há dois anos, recebendo visitas de interessados. Todos desistem ao perceber que o apartamento não tem quatro suítes, mas apenas duas. Uma nova reforma vai custar caro... Encontrar a "pessoa certa" para esse imóvel pode levar muito tempo...

Dicas

▶ Evite personalizar demais um apartamento. Nada é definitivo. Pense sempre nas dificuldades que você terá que enfrentar na eventual venda do imóvel.

- Ao comprar uma residência, procure adaptar-se ao padrão de sua cidade ou bairro. Se os apartamentos mais altos são os que vendem mais rápido, prefira-os. Se os de face norte são muito mais desejados, fuja dos imóveis com face sul.

- Procure sempre comprar vagas extras na garagem. Não se preocupe se você não tem a intenção de ocupá-las. Geralmente, é muito fácil locá-las a um vizinho. Na hora da venda, uma vaga extra pode ser muito preciosa. Bons apartamentos são rejeitados, simplesmente porque os compradores necessitam de mais garagens.

- Tenha muita atenção com as taxas de condomínio. Elas não devem ser elevadas. Compare sempre o valor da despesa com o preço do imóvel. No futuro, muitos irão desistir de comprar seu apartamento se o condomínio for caro.

Caso

Dr. Luís Carlos, 55 anos, é médico em São José do Rio Preto (SP). Há vinte anos, ele iniciou investimentos em imóveis a partir de uma pequena herança recebida. O dr. Luís prefere residências modestas com dois ou três dormitórios que tenham um bom terreno. Muitas vezes, constrói uma segunda moradia nos fundos da casa para aumentar os rendimentos do aluguel. Hoje, já possui trinta e cinco casas, avaliadas em mais de R$ 4 milhões. Ele recebe, como renda de aluguéis, R$ 32 mil. Maria Helena, secretária do dr. Luís, dedica a metade de seu dia a administrar as propriedades: renovações de contratos de aluguel, reformas em algumas casas. A identificação de novas oportunidades de compra são tratadas, inicialmente, pela competente secretária que recebe um porcentual da renda mensal. O médico adotou como estratégia concentrar-se em uma cidade que cresce em ritmo acelerado, adquirindo moradias que necessitem de reformas. Uma equipe de pedreiros e pintores implementam pequenas melhorias nos imóveis que se valorizam em poucos anos. Corretores amigos buscam sempre novas oportunidades para o médico. Recentemente, ele tem comprado duas novas pequenas propriedades por ano.

Nem tudo é perfeito. Um apartamento pode estar em uma ótima localização, mas ter uma fachada feia. Pode ter uma ótima área de lazer, mas um zelador mal-educado. Comprar imóvel exige "jogo de cintura". É preciso ponderar todos os aspectos. Em caso de dúvida, adie a decisão. Sempre pode aparecer um melhor.

> **ATENÇÃO**
>
> Áreas de lazer podem encarecer as taxas de condomínio. E talvez você nem tenha tempo para usufruí-las.

Flats

O início da década de 90 foi um marco neste segmento: pequenos apartamentos com a capacidade de fugir das restrições impostas às locações residenciais. "Ser sócio de um hotel" era o desejo de muitos.

Houve uma verdadeira explosão nos lançamentos de prédios com essa finalidade nos bairros da moda em São Paulo. No Itaim Bibi, por exemplo, hoje é possível encontrar nada menos que quinze empreendimentos em um raio de um quilômetro. Conseqüência: oferta excessiva, dificuldade para locar, queda nos preços. Só a partir de 2007, houve uma intensa recuperação nos preços, motivada por um novo desequilíbrio entre oferta e demanda.

> ### Caso
>
> Sérgio é usuário de *flats* em suas viagens semanais pelo país. Freqüentemente, pergunta aos motoristas de táxi sobre as últimas inaugurações de hotéis nas cidades a que chega. Normalmente, os hotéis recém-inaugurados precisam fazer clientela e oferecem preços reduzidos no primeiro ano. Cheiro de novo com preço baixo, a combinação ideal para qualquer viajante.

Percebo que muitos viajantes pensam como Sérgio. Os *flats* com mais de quinze anos, em São Paulo, têm dificuldades para conseguir hóspedes. Os antigos clientes migraram para os concorrentes mais novos. Se os *flats* antigos resistem a baixar preços, ficam vazios. Se reduzem os preços das diárias, podem ficar desprestigiados na praça. Um dilema que leva a um único resultado: rendimentos baixos a seus proprietários.

> ### Atenção
>
> Muito cuidado ao ler anúncios de *flats*, garantindo rendimento de 1% ao mês ou mais. A garantia só é válida por um curto período de tempo. Depois, a sorte do comprador será determinada pelo mercado.

Sempre me impressionei com a "falsidade" de alguns itens nas construções nos Estados Unidos. Se você der toques nas paredes, vai perceber que são, quase todas, de gesso. O "granito" da pia da cozinha é, na verdade, plástico. O piso do banheiro é fixado com cola no chão, e a faxineira nunca pode jogar água sobre ele; no máximo, passa uma vassoura com pedaços de pano umedecidos.

No entanto, aprendi que aquela citada "falsidade" nas obras tem um lado positivo: é muito fácil fazer uma reforma.

Aqui no Brasil, nossos hotéis ficam "velhos" com apenas sete ou dez anos de vida e custa muito caro reformá-los. Como os materiais são "de verdade", é preciso quebrar quase tudo: pisos, azulejos, paredes, etc. Lá, eles fazem uma renovação dos ambientes em poucos dias e com pouco barulho. Enquanto isso, o hotel funciona em ritmo normal, isolando-se apenas um ou outro andar, com baixos prejuízos ao negócio.

Recentemente, comecei a ver algumas daquelas práticas americanas serem incorporadas a novos hotéis no Brasil. Considero-as importantes para um investidor que se preocupa com os rendimentos no longo prazo.

Outra grande questão no investimento em *flats*: quem é a administradora? Ela pode ser muito competente, honesta e transparente ou pode ser um total desastre. O difícil é antever seu comportamento nos próximos quinze ou vinte anos. Um fator muito importante e que revela um alto risco no negócio!

VANTAGENS (*FLATS*)

▷ Trata-se de uma locação comercial.

▷ Alto rendimento, enquanto novos, e com baixa concorrência.

DESVANTAGENS (*FLATS*)

▷ Sofrem depreciação, geralmente, acentuada.

▷ Taxas de administração consomem parte considerável da renda.

▷ Investimento depende da competência da administradora.

LOFTS

Vejo lindos anúncios com essa palavra em algumas capitais do Brasil. Trata-se de um apartamento para uma pessoa ou casal. Geralmente, não tem muitas paredes divisórias. Mas é "supertransado", com componentes de alta tecnologia, visando atrair jovens bem-sucedidos. O preço? Pelo menos 50% a mais do que o de um apartamento convencional, de mesma área.

Pode tratar-se de um negócio de considerável risco. Seu público-alvo é muito exigente e pequeno. A depreciação em *lofts* deve ser intensa em função dos modismos. E o pior, se a "tendência" continuar por algum tempo, pode haver uma superoferta de lançamentos e, assim como aconteceu com os *flats*, os preços irão cair. Ou a liquidez despencar.

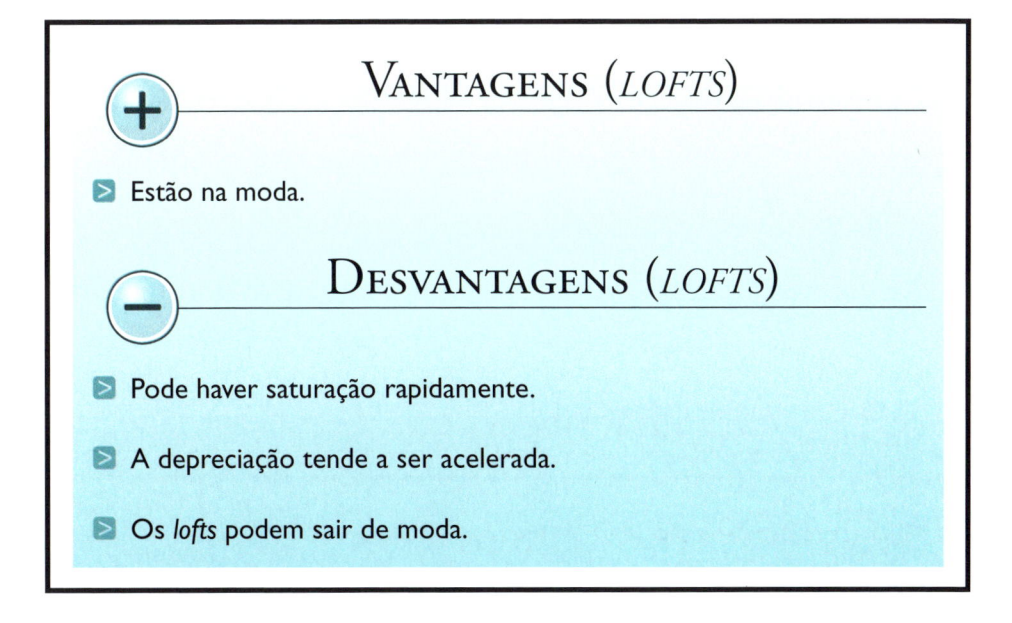

+ VANTAGENS (*LOFTS*)

▶ Estão na moda.

− DESVANTAGENS (*LOFTS*)

▶ Pode haver saturação rapidamente.

▶ A depreciação tende a ser acelerada.

▶ Os *lofts* podem sair de moda.

> **DICAS**
>
> - Quando alguém diz que uma determinada região é muito valorizada, entenda que ela já se valorizou bastante. Não há garantias de que ela vá continuar o processo de alta. Quando você compra um imóvel, está apostando em seu futuro, não no passado.
>
> - Comprar um imóvel é uma conquista. Vendê-lo pode significar uma derrota para alguns. Mas não seja tão radical. O imóvel é um investimento como outro qualquer. O objetivo final é oferecer uma recompensa a quem conseguiu poupar e renunciar ao consumismo de hoje. Preocupe-se em não se prender demais a uma propriedade, impondo-se sacrifícios extraordinários.

Lotes de terreno

Aqui quase não há depreciação com o uso. Não há azulejos para mudar de cor ou novos estilos nos metais dos banheiros. Só existem modismos no que se refere à localização.

Custam menos que um imóvel pronto, o que significa maior liquidez na venda. Além disso, o comprador tem muita liberdade para sonhar. Sua esposa não vai se decepcionar com a "cozinha apertada" ou com as maçanetas de gosto duvidoso. Um terreno gera lindas inspirações em qualquer comprador.

> **DICA**
>
> Para quem pretende adquirir um terreno, descobrir o bairro com maior potencial de valorização não é fácil. Uma boa estratégia seria consultar o Plano Diretor elaborado pela prefeitura. Ele traz boas indicações sobre o futuro da cidade.

Existe um risco na formação da vizinhança. Se ela for de "gente boa", tem-se um valor a mais incorporado ao terreno. Mas se houver algo que desabone os vizinhos, como uma boate, um restaurante barulhento ou uma prisão, pior para o investidor.

Para minimizar o risco, seria bom comprar um terreno com vizinhança já definida. Só que vai custar mais caro. Risco menor implica rendimento menor, não tem jeito. É uma escolha.

Uma construção (salas, apartamentos, casas, etc.) tem vida finita. Terrenos têm vida infinita.

Os maiores ganhos em terrenos não estão nos bairros nobres já consolidados, mas na periferia das cidades. Aí o Poder Público precisa realizar obras de melhoria, proporcionando vultosos ganhos aos que tiveram coragem de primeiro investir na região. Pavimentação de ruas, canalização de córregos, ampliação da rede de água e de esgotos, iluminação pública, melhoria do transporte coletivo são exemplos de investimentos públicos que valorizam um terreno de periferia. Mas há o perigo de invasões. Terrenos grandes são os mais visados.

Dica

Um aspecto bastante negativo do investimento em terrenos é a dificuldade em se obter renda de aluguel sobre ele. O ganho estará todo concentrado em sua possível valorização ao longo do tempo. Uma boa tática é procurar terrenos que possam também gerar renda. Por exemplo, áreas para estacionamentos, postos de gasolina, depósitos ou galpões.

Vantagens (lotes de terreno)

▶ Não sofrem depreciação com o uso.

▶ Obras da prefeitura podem valorizar o terreno.

▶ Boa vizinhança ajuda a incrementar os preços.

Desvantagens (lotes de terreno)

▶ Terrenos estão sujeitos a risco de invasões.

▶ Dificilmente geram renda de aluguel.

Atenção

Algumas cidades estão aprovando o IPTU progressivo, sobretaxando terrenos vazios. Isso pode causar sérios danos aos investimentos em lotes de terreno. Fique atento!

Terrenos e casas em condomínio fechado

Apresentam muitas vantagens em termos de segurança. Mas ela nunca será total, principalmente no trajeto entre a cidade e o condomínio. Observe sempre a taxa de condomínio. É um valor que tende a ser bem inferior ao dos edifícios de luxo. Entretanto, lembre-se de que, enquanto a casa não estiver pronta, você terá que pagá-la. Isso pode ser doloroso, já que não estará utilizando os serviços oferecidos.

Condomínios pequenos, geralmente, não contam com lojas comerciais, o que pode tornar os moradores dependentes de automóvel para comprar qualquer coisa. Silêncio, relativa tranqüilidade, mas muito tempo na estrada. Uma escolha…

Vantagens (condomínio fechado)

> Estão subordinados a baixas taxas de condomínio.

> São caracterizados por muito lazer e por mais segurança interna.

> Oferecem ar puro e silêncio.

Desvantagens (condomínio fechado)

> Moradores ficam dependentes de automóvel.

> Morar em casa implica maior custo de manutenção.

Como escolher o imóvel ideal?

Terrenos "LEBLON"

Vendemos 2 lotes na rua Timoteo da Costa 1 com 20 x 75, cerca de 2005 M2, (irregular) e outro com 20 x 55, cerca de 1.170 m2. — Preço, respectivamente, Cr$ 1.300.000,00 e Cr$ 1.100.000,00. Tratar com MOSTARDEIRO S. A. Aven. Alm. Barros, 72 — 13.º — Sala 1312 — Tel. 22-3708.
(10347) 91

Anúncio publicado no Jornal **Correio da Manhã**, RJ, em 17/1/53

Na moeda de hoje	Valor de mercado
Cr$ 1.300.000,00 = R$ 713.206,00 Cr$ 1.100.000,00 = R$ 603.482,00	Hoje só há apartamentos que custam, aproximadamente, R$ 9.500,00 o m²

TERRENO – BROOKLIM

VENDE-SE OTIMO TERRENO, FLANO E PRONTO PARA RECEBER CONSTRUÇÃO

Junto a otimas residencias, medindo 12 x 30. Rua Indiana, em frente ao "Bom Brill". Preço estudando-se facilidade, Cr$ 540.000,00. Detalhes e localização na URANIA IMOBILIARIA — Rua Cons. Crispiniano, 40 — 6.o and. Tel. 35-7218 — (Do Sind. dos Corretores de Imoveis).

Anúncio publicado no Jornal **Folha de S. Paulo**, SP, em 14/1/60

Na moeda de hoje	Valor de mercado
Cr$ 540.000,00 = R$ 69.298,55	Aproximadamente R$ 1.350,00 o m²

Imóveis na planta

Avaliadores profissionais adicionam entre 20 e 30% ao preço de um imóvel pronto[10]. A diferença seria por conta da "vantagem da coisa feita". Quebras de construtoras revelaram o elevado risco de se comprar apartamentos na planta. Tudo isso reforça meu sincero conselho: comprar na planta, só de construtora muito saudável. Não se encante com as facilidades de pagamento. É crucial avaliar a situação financeira da construtora e sua tradição em termos de qualidade e de pontualidade. Se tais condições não forem satisfeitas, desista. Junte mais dinheiro para dar de entrada em um apartamento pronto. O risco será bem menor.

Algumas construtoras já oferecem seguros que protegem os clientes contra uma eventual paralisação da obra. Uma boa saída.

Patrimônio de afetação

A partir de 2004, por meio da Lei n° 10.931, houve um acréscimo na legislação que trata das incorporações no Brasil: o chamado patrimônio de afetação. Segundo essa lei, a critério do incorporador, cada empreendimento imobiliário poderá ter uma contabilidade própria, separada das demais operações da incorporadora/construtora. Dessa forma, evita-se o chamado "efeito bicicleta", quando empresas em dificuldade utilizam os recursos de um novo empreendimento para cobrir as despesas de um anterior.

---

[10] **Curso de Perícias em Ações Reais Imobiliárias**. São Paulo: Instituto Brasileiro de Avaliações e Perícias de Engenharia, 2000.

Construir a própria casa

Tradicionalmente, é uma grande alternativa para os que desejam evitar juros bancários ou para os que sonham com uma casa diferente.

➕ Vantagens (construir a casa própria)

> Você constrói a casa de acordo com seu orçamento. Isso dá uma grande flexibilidade.

> É possível personalizar a residência.

> Quem está pagando aluguel pode mudar-se logo, antes de a obra terminar completamente. A economia feita será aplicada na própria construção.

> Não se paga a fatia do lucro de uma construtora que vendesse a residência já pronta.

➖ Desvantagens (construir a casa própria)

> Geralmente dá muito trabalho. É preciso administrar diferentes equipes.

> A inexperiência pode levar a erros e desperdícios.

> Há sempre o risco de se sonhar demais e ficar com a obra inacabada, o que seria um "abacaxi".

> A casa pode não ficar tão bonita quanto o sonhado.

Imóveis para lazer

Praias entram e saem de moda. Sítios exigem muito em manutenção. E o pior, se houver uma crise econômica, os potenciais compradores costumam desaparecer.

Enquanto são curtidos intensamente pela família, trazem muitas alegrias. Juntar o útil ao agradável pode ser uma ótima combinação aqui. Imóveis em cidades praianas que não vivam apenas da temporada turística, como Rio de Janeiro, Florianópolis, Fortaleza, Salvador e Natal, seriam bons exemplos de um casamento de interesses.

Sítios e granjas localizados em áreas de bom potencial de desenvolvimento, de acordo com o Plano Diretor do município, podem trazer vultosos ganhos, no longo prazo, para os mais pacientes.

Outra recomendação: analise seriamente quantos dias por ano você e sua família vão utilizar o imóvel. E por quantos anos? Será que seus filhos adolescentes não vão desejar acompanhar as mudanças no *point* do verão? Quantas vezes você terá que obrigá-los a passar mais um fim de semana naquele sítio "sem graça", que eles tanto amavam quando pequenos?

Seja bastante crítico na análise. Em caso de dúvidas, pague aluguel em um sítio ou em uma casa de praia; de preferência, fora da alta temporada. Costuma sair bem mais barato, ao longo da vida.

Em poucas palavras

É importante ter paciência e acreditar que os imóveis, no longo prazo, vencem a inflação. Isso nem sempre acontece todos os anos. Eles sobem muito durante períodos de euforia e depois ficam parados, podendo até ser corroídos pela inflação nos momentos de pessimismo. Você precisa manter-se frio, isolando-se das flutuações.

A seleção de bons inquilinos é fundamental. Dê preferência a locatários com renda mais estável ou com bons fiadores, mesmo que você tenha que dar descontos no preço do aluguel.

Pulverize suas aplicações entre vários imóveis, principalmente comerciais. As pequenas propriedades diluem o risco de grandes perdas na locação. Além disso, oferecem mais liquidez, sendo mais facilmente alugadas.

Reúna bons profissionais para trabalhar para você: corretores rápidos e leais; advogados rigorosos; pedreiros, encanadores e pintores competentes. Nada disso se consegue do dia para a noite. Mas, ao longo de alguns anos atuando no ramo, começa a haver uma depuração. No fim de algum tempo, você poderá ter constituído uma equipe bastante afinada.

Todo investimento implica riscos. Os cálculos feitos anteriormente não funcionam em cenários pessimistas. Na prática, sempre haverá atritos, dificuldades e perdas. Mas as margens de lucro nessas atividades ainda são boas e os riscos, relativamente baixos. Quem tiver disciplina e persistência deve colher bons frutos.

Seu imóvel

Anúncio publicado no Jornal **Correio da Manhã**, RJ, em 5/10/52

Na moeda de hoje	Valor de mercado
Cr$ 600.000,00 = R$ 346.102,92	Aproximadamente R$ 6.000,00 o m²

53

A COMPRA COMENTADA

Colaboração: Marcela Matos

A compra de um imóvel é sempre um processo complexo que envolve valores, gosto pessoal e uma série de atributos técnicos. Muitas vezes, quem não é especialista não consegue avaliar. Ainda mais se ficar apaixonado pelo imóvel. A paixão às vezes cega.

"Um leigo não é capaz de avaliar a qualidade de uma obra de construção civil. Ele deve procurar assessoria especializada", diz o professor Claudio Tavares de Alencar, integrante do Real Estate Research Group, da Escola Politécnica da USP (Universidade de São Paulo). Esse grupo estuda e pesquisa temas ligados à economia e aos negócios imobiliários (*real estate* é a expressão em inglês para bens imóveis).

Confira as dicas de alguns especialistas para quem pretende desenvolver um olhar mais crítico na hora de comprar um imóvel, mesmo que possa contar com a ajuda de um engenheiro, por exemplo, e com a vivência de um corretor de imóveis.

Imóveis novos

Para quem adquire um imóvel novo, ainda na planta ou recém-construído, verificar a idoneidade da construtora é o primeiro passo. O leque de opções, no entanto, não deve se limitar apenas às empresas com grande visibilidade na mídia. "Há excelentes construtoras que não são famosas", diz o engenheiro Roberto Salemme Corrêa, professor do Instituto Mauá de Engenharia. A recomendação é visitar outros prédios construídos pela mesma empresa e conversar com os moradores desses imóveis.

Na visão do presidente do Grupo Patrimóvel, Rubem Vasconcelos, o comprador de imóvel na planta deve ficar atento ao histórico de pontualidade da construtora. A ocorrência de atrasos na entrega pode sinalizar problemas operacionais ou mesmo financeiros por parte do vendedor. Fuja desse risco!

Não basta somente ter a certeza de que se está adquirindo o imóvel das mãos de uma construtora séria. Problemas após a entrega da obra podem acontecer, como pequenas fissuras ou infiltrações. "Grandes construtoras contam com uma equipe de manutenção só para esses reparos", afirma Corrêa. Infelizmente, dependendo da empresa vendedora, para que os consertos sejam realizados, é necessário percorrer uma verdadeira via-crúcis. A saída é conhecer previamente a qualidade da assistência das empresas no pós-venda. Procure conversar com quem passou por situações em que necessitou de tal assistência.

Todo mundo busca qualidade no acabamento de um imóvel, mas esse é um quesito muito subjetivo. O que é de boa qualidade para um pode não ser para outro. Assim, uma família pode ficar radiante ao ver pronto o apartamento tão sonhado e contar as horas para o dia da mudança. Outra, no mesmo prédio, pode não se sentir tão satisfeita com o resultado final. Tudo depende da expectativa de cada um. Todo cuidado é pouco: estudar as medidas das plantas, olhar como deve ficar cada cômodo, comparando metragens de outros ambientes já construídos, verificar o material a ser empregado no acabamento, especialmente a marca da louça sanitária, dos metais e das fechaduras — são pequenos cuidados que, se tomados antes da assinatura do contrato, podem evitar grandes decepções.

Para Elizabeth Lopes, engenheira civil e professora do Instituto Mauá, a proteção ao consumidor evoluiu muito nos últimos anos. Quem compra um apartamento ou uma casa no lançamento deve guardar toda a documentação corretamente, em especial o memorial descritivo, bem como conferir tudo no ato da entrega. O perigo é acreditar somente na conversa do vendedor e dispensar as garantias formais. O que não estiver documentado, obviamente, não poderá ser cobrado.

Nesse quesito, entram alguns itens que muitas vezes ficam nebulosos. A garagem, por exemplo. Muitos empreendimentos são comercializados com três ou quatro vagas por unidade. Serão vagas seqüenciais ou independentes? A presença de manobristas se fará necessária? São itens que fazem uma grande diferença.

Na hora da entrega, algumas decisões também ficam a cargo do comprador e, mais uma vez, a ajuda técnica é de grande valia. Hoje, a maioria das construtoras entrega os apartamentos sem o piso da área íntima (quartos e corredor interno), e a colocação de pisos muito altos, como granito, pode acarretar problemas.

Especialistas também alertam para o rol de atrações da área de lazer nos empreendimentos novos. "Nada é de graça", alerta o engenheiro Roberto Corrêa. Tudo isso vai influenciar no valor da taxa de condomínio e, no caso de um imóvel que ainda está na planta, não é possível ter muita idéia do valor a ser pago mensalmente depois que a unidade estiver pronta. Mesmo que os vendedores digam o contrário.

Um bom referencial, quando falamos de condomínio, é observar o número de unidades. Prédios com um ou dois apartamentos por andar ou condomínios com apenas uma torre costumam ter taxas altas, simplesmente porque há poucos apartamentos para arcar com as contas. Lembre-se: o preço do imóvel é pago apenas uma vez, mas os gastos com impostos e condomínio são eternos.

Outro bom referencial também é o preço. Desconfie das "galinhas-mortas", as ofertas irrecusáveis. Apartamentos ou casas com preço muito abaixo do mercado podem sinalizar algum tipo de problema, no imóvel propriamente dito ou na localização. "Há casos de bons produtos em locais errados, o que faz o preço despencar", afirma Corrêa.

▶ A preferência pelos usados

Para imóveis usados, os cuidados recomendados pelos especialistas não são muito diferentes: observar o entorno, a localização, a posição do Sol, etc. No entanto, há um detalhe que exige maior atenção: os imóveis em questão podem ter algumas décadas de vida.

Para Claudio Tavares de Alencar, do Real Estate Group, da USP, os maiores riscos de um imóvel com mais de duas décadas de uso estão no precário estado de conservação e na obsolescência tecnológica e funcional. A obsolescência pode ser traduzida, entre outras coisas, pela falta de pontos de luz ou por um sistema elétrico ultrapassado. Quadros de luz com fusíveis, em vez de disjuntores, não são tão raros assim. Conferir essa questão antes de fechar negócio ajuda a dimensionar o tamanho da reforma que estará por vir.

O estado de conservação é o que mais influencia na decisão de compra, na opinião de Rubem Vasconcelos, da Patrimóvel. "O comprador deve verificar se gosta do produto oferecido. Imóveis antigos demais não são bons, mas a localização pode valer a compra, como em alguns casos de apartamentos situados no Jardim Botânico, em Ipanema e no Leblon, no Rio de Janeiro."

Roberto Capuano, que atua no mercado imobiliário paulista desde 1962, também defende mais cuidado com imóveis carentes de uma reforma. Às vezes, segundo ele, uma casa sem suíte ou com um banheiro antigo pode ser negociada por um bom preço e, posteriormente, restaurada. Na visão de Capuano, reformas bem planejadas podem ficar dentro do orçamento previsto. "Em 90% dos casos de estouro no orçamento, a culpa é unicamente do dono, que vai se entusiasmando, derruba uma parede aqui, faz um puxado ali e escolhe os materiais mais caros."

Uma boa inspeção é o primeiro passo para um possível comprador de imóvel antigo. E ela deve começar pelo prédio. O estado de conservação do elevador (a qualidade de sua marca e informações sobre a freqüência de seus defeitos), os jardins, o *hall* e a área de lazer, se houver, também podem ajudar a dar idéia da forma de gerenciamento do condomínio. Uma caminhada pela garagem ajuda a identificar rachaduras, problemas de infiltração de natureza grave, como aquelas típicas estalactites (carbonato de cálcio), que mancham a pintura dos carros.

Já dentro do apartamento, o olhar deve continuar atento: confira janelas para ver se há ferrugem, acione válvulas de descarga para se certificar se funcionam e se há vazamentos aparentes ou canos enferrujados, bem como verifique a pressão da água nas torneiras. Imóveis antigos, nos casos em que não houve troca das prumadas de água, possuem canos ainda de ferro que apodrecem com o tempo, reduzindo a vazão e conferindo cor e gosto estranhos à água.

No caso de casas, andar pelos cômodos ajuda a perceber desníveis no piso e infiltrações na pintura, especialmente perto do chão, além de problemas ainda mais graves, como o chamado cupim-do-solo. Essas situações são complicadas e podem levar o candidato a desistir da compra ou a renegociar os valores. O cupim ataca de cima para baixo e infesta os imóveis, incluindo portas, batentes e telhados. Quando a questão é umidade, acontece o inverso: o problema começa na base e, quase sempre, é causado por impermeabilização malfeita ou vencida.

Fique alerta também para os cuidados com janelas e portas que não abrem, pois podem estar empenadas ou até mesmo enferrujadas.

Tanto em imóveis novos quanto em usados, a compra de uma cobertura exige um estudo mais aprofundado. "É preciso pensar muitas vezes antes de fechar negócio", alerta o engenheiro. Isso porque as coberturas enfrentam problemas mais freqüentes de infiltração — a tubulação que abastece todo o prédio passa por lá. Além disso, o barulho tende a ser maior com a proximidade da casa de máquinas, e o incômodo é permanente. Em caso de reformas de fachada, a cobertura serve, inevitavelmente, de apoio para os operários fixarem o jaú.

Novas ferramentas de *marketing* imobiliário

O aumento no número de imóveis de luxo nas grandes cidades levou ao aprimoramento das técnicas de venda. Os corretores imobiliários e os estandes de vendas estão cada vez mais sofisticados. Quem visitou algum imóvel novo recentemente sabe do que estou falando. Apartamentos decorados, pé direito duplo, climatização, música ambiente, serviço de bar, maquetes grandes que mostram todo o empreendimento e área de recreação para as crianças são algumas ferramentas usadas pelas incorporadoras e imobiliárias para encantar os compradores.

Os vendedores também são muito bem treinados. Fazem com que o cliente se sinta morando no imóvel, e os apartamentos decorados ajudam muito nisso. "Algumas pessoas mais empolgadas, principalmente nos grandes centros urbanos, chegam até a fechar o negócio na hora, por impulso", alerta Guilherme Ventura, da Itaúba Serviços Especiais.

Para divulgar os imóveis, as construtoras usam muitos recursos. Além dos tradicionais anúncios em jornais, *outdoors* e TV, há placas de rua que guiam os motoristas de um ponto importante da cidade até o imóvel, e empresas que colocam as maquetes dos prédios e condomínios em *shopping centers* e locais de grande circulação. "Há incorporadoras que fazem *shows* nos fins de semana com artistas conhecidos e verdadeiros eventos para atrair o público para os empreendimentos", conta Guilherme. "São obras de grande escala, com várias torres e muito espaço em comum, como área *gourmet*, piscina, clube, *fitness center*."

Cuidado: comprar um imóvel por impulso vai lhe causar sérias dores de cabeça. O incômodo será muito maior do que o causado pelo arrependimento quando se compra uma roupa que não serve bem.

> "O momento de grande pessimismo é o melhor para comprar e o momento de grande otimismo é o melhor para vender."
>
> Sir John Templeton

Capítulo 3

O QUE INFLUENCIA O PREÇO DOS IMÓVEIS?

Uma lei quase tão importante quanto a lei da gravidade: a lei da oferta e da procura.

A procura é determinada pela quantidade e pela qualidade de empregos em uma determinada região. Se os grandes empregadores de uma cidade fecharem suas portas, haverá dificuldades no mercado imobiliário. Ao contrário, se novas empresas chegarem à região, oferecendo bons empregos, haverá um aquecimento nas vendas e nas locações.

Cidades que se especializam em uma atividade são mais arriscadas para o investidor em imóveis. Por exemplo, se a região vive do plantio de laranja e, por algum motivo, os preços da mercadoria caírem, haverá uma paralisia no mercado imobiliário. Áreas com diferentes atividades produtivas representam riscos menores.

A qualidade dos empregos também é importante. A indústria têxtil, por exemplo, tradicionalmente emprega uma grande quantidade de mão-de-obra com baixos salários; os imóveis aí terão que ser modestos. Por outro lado, a indústria de *software* emprega pessoas altamente qualificadas que exigirão residências mais sofisticadas.

A oferta de imóveis é outro fator-chave. A zona sul do Rio de Janeiro mantém preços elevados em seus imóveis, porque é difícil encontrar terrenos disponíveis para construção. Há o oceano de um lado e montanhas do outro, limitando a oferta de áreas livres. O mesmo acontece em Manhattan, Hong Kong e Tóquio, regiões cercadas por água.

ATENÇÃO

Cuidado ao comprar em momentos de grande euforia no mercado de imóveis. Em 1986, por exemplo, houve uma explosão na procura por imóveis nas grandes cidades brasileiras, devido ao Plano Cruzado. As seções de imóveis dos classificados dos jornais eram enormes, naquele ano. No ano seguinte, houve uma brusca desaceleração.

DICA

Converse com as pessoas que moram no edifício ou na vizinhança que você esteja pesquisando. Peça informações principalmente àqueles que pagam aluguel ali. Eles costumam ser mais sinceros que os proprietários porque não temem manchar a reputação de seus imóveis.

> **! ATENÇÃO**
>
> Ao comprar um imóvel barato, tenha certeza de que você identificou o motivo de seu baixo preço. Existem defeitos corrigíveis e defeitos incorrigíveis. Uma pequena reforma pode resolver os primeiros. Mas, se a prefeitura pretende, por exemplo, fazer um viaduto em frente ao prédio, não haverá conserto.

"Quanto posso gastar em uma reforma?"

O limite a investir em uma reforma é determinado pela diferença entre o preço que seu imóvel vale do jeito que está e o preço dos imóveis vizinhos. Se o preço, do jeito que está, é R$ 50 mil e se seus vizinhos, em melhor estado de conservação valem R$ 80 mil, seu limite será de R$ 30 mil.

Se, após a planejada reforma, sua propriedade for se transformar na mais cara da vizinhança, pense seriamente em desistir. Você terá grandes dificuldades em recuperar o dinheiro investido, quando chegar a hora da venda.

Ao pensar em comprar um apartamento novo, lembre-se das despesas iniciais com armários, cortinas, móveis da recepção do prédio ou do salão de festas. São gastos de difícil recuperação integral na hora da venda.

Apartamentos seminovos, entre 3 e 7 anos de idade, são interessantes alternativas de compras. Estão realmente prontos e ainda têm uma longa vida útil.

Antes de fechar negócio em um imóvel que necessite de reformas, faça um orçamento da obra. Isso pode ser útil na hora de negociar um desconto com o vendedor.

Seja conservador: reformas, geralmente, custam mais que o planejado e demoram mais que o previsto.

> ## Dicas
>
> - Na hora da compra, controle sua emoção ou ela vai controlar você.
>
> - Na negociação de uma residência, há muitos sentimentos envolvidos. Do lado do comprador, pode surgir uma paixão avassaladora, fazendo-o sentir que, se perder o negócio, a vida não será mais a mesma.
>
> - Do lado do vendedor, há um enorme receio de vender barato. Ele teme nunca mais conseguir comprar um imóvel tão bom quanto aquele. Alguns ficam enciumados, interrompendo a negociação assim que percebem que um candidato está realmente interessado por sua propriedade. Outros têm um enorme sentimento de culpa após a concretização da venda.

Que tipo de imóvel se deprecia mais?

Uma das grandes preocupações, ao se comprar um imóvel para investir, deve ser sua futura depreciação. Na figura 3.1, fiz uma hierarquia de depreciação. É uma classificação genérica. Provavelmente, haverá exceções.

As casas costumam depreciar-se menos que os apartamentos, por dois motivos:

- são mais fáceis de se reformar;

- ficam em cima de um terreno que não se deprecia. No fim de algumas décadas, seus herdeiros poderão ter uma velha casa em cima de um valorizado terreno.

O QUE INFLUENCIA O PREÇO DOS IMÓVEIS?

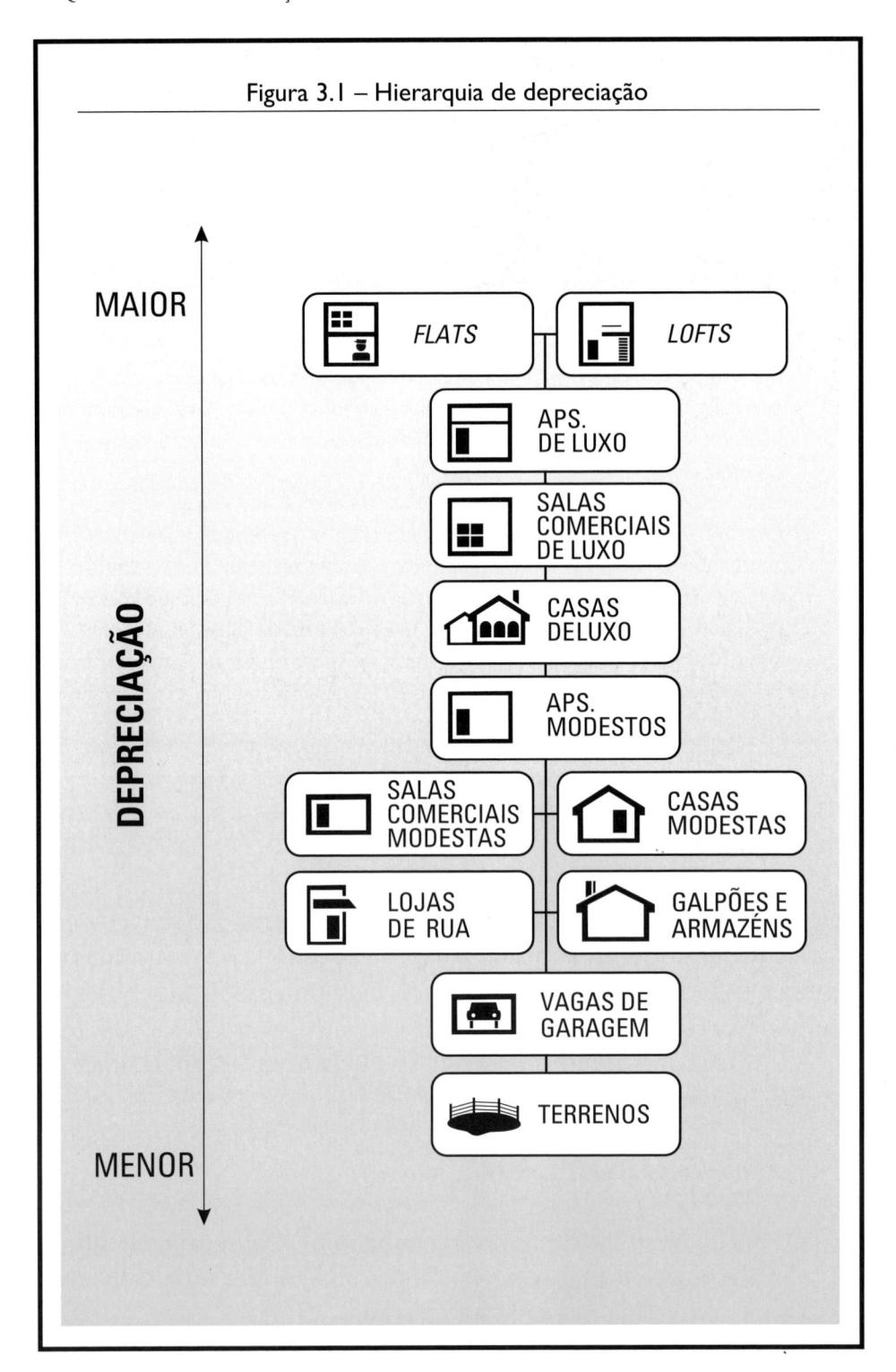

Figura 3.1 – Hierarquia de depreciação

DEPRECIAÇÃO

MAIOR

- FLATS
- LOFTS
- APS. DE LUXO
- SALAS COMERCIAIS DE LUXO
- CASAS DELUXO
- APS. MODESTOS
- SALAS COMERCIAIS MODESTAS
- CASAS MODESTAS
- LOJAS DE RUA
- GALPÕES E ARMAZÉNS
- VAGAS DE GARAGEM
- TERRENOS

MENOR

Alguns avaliadores brasileiros atribuem o porcentual de 2,5% para a depreciação anual de um apartamento de luxo. Por outro lado, uma casa modesta teria uma depreciação de 1,5% ao ano.

> **DICA**
>
> Na compra de um imóvel, o ideal é conciliar um alto potencial de valorização com uma baixa depreciação.

Você pode pagar menos impostos sobre os aluguéis

Os proprietários de imóveis que obtêm renda relativamente alta com aluguéis devem consultar um contador e verificar se vale a pena abrir uma empresa para administrar os imóveis. Costuma haver uma substancial redução na carga tributária com essa mudança.

Como pessoa física, a renda obtida com os aluguéis paga Imposto de Renda (IR) e está sujeita a uma tabela progressiva. A alíquota pode chegar a 27,5%.

Como empresa (pessoa jurídica), optando pela tributação com base no lucro presumido, a renda ficaria exposta a uma tributação inferior a 13%, considerando-se PIS, Cofins, contribuição social e Imposto de Renda.

Vale o conselho de procurar um contador e comparar os custos de abrir e manter uma empresa específica para administrar os próprios bens.

Como o governo pode ajudá-lo a investir em imóveis

Uma grande vantagem dos imóveis comparados com as aplicações em renda fixa é o adiamento dos impostos sobre o ganho de capital, isto é, sobre sua valorização. Nos fundos de renda fixa, há pagamento de Imposto de Renda a cada 6 meses, mesmo que você não resgate o dinheiro. Em um imóvel, o lucro imobiliário só é devido no momento da venda. Os investidores de longo prazo têm, assim, o privilégio de trabalhar com um dinheiro que iria para o governo (o IR na fonte) e que é "esquecido" pela Receita Federal até o momento da venda. Dessa maneira, o investidor em imóveis consegue obter ganhos sobre ganhos sem pagar imposto durante muito tempo.

Como funciona o Imposto de Renda sobre o ganho de capital em imóveis?

Paga-se 15% sobre o ganho de capital, isto é, sobre a valorização do imóvel. Toma-se por base a diferença entre o valor declarado na venda e o custo da aquisição registrado na declaração de bens.

Por exemplo, se um imóvel com custo de R$ 80 mil for vendido por R$ 100 mil há um ganho de capital de R$ 20 mil. Sobre a diferença paga-se 15%, isto é, R$ 3 mil. Esse valor deve ser recolhido através de um DARF (Documento de Arrecadação de Receitas Federais).

Há outras regras para o cálculo do Imposto de Renda conforme o ano em que o imóvel tenha sido adquirido. As tabelas previstas na legislação reduzem o Imposto de Renda de tal maneira que ele pode até chegar a zero.

Para mais detalhes, consulte o Decreto-Lei nº 3.000/99 ou o *site* da Receita Federal (www.receita.fazenda.gov.br).

Há alguns perdões:

- Se o imóvel for o único bem do contribuinte, ele não precisa recolher o imposto. Mas o valor de alienação não pode ser superior a R$ 440 mil e o contribuinte não pode ter vendido imóvel nos últimos cinco anos.

- Se o imóvel for o único bem do contribuinte e ele aplicar o produto da venda em outro imóvel em até 180 dias, também não precisa pagar o imposto. Da mesma forma que no item anterior, o contribuinte não pode ter vendido imóvel nos cinco anos anteriores.

- Se valor de alienação for até R$ 35 mil, não precisa pagar o imposto.

- Se o imóvel tiver sido comprado até 1988, há uma redução no valor do imposto, proporcionalmente ao tempo em que permaneceu com a mesma pessoa. Até 1969, a redução é de 100%; em 1970, é de 95%; em 1971, é de 90% e assim vai até 1988. A partir daí, há outras regras.

Sempre que estiver negociando um imóvel, é bom consultar a legislação e as tabelas vigentes no momento ou um contador.

O QUE INFLUENCIA O PREÇO DOS IMÓVEIS?

UM EXTASE PARA OS SENTIDOS
Norte do Paraná

Quem percorre o Norte do Paraná fica maravilhado por tudo que vê. Na realidade só mesmo terra boa, mas muito boa, como esta é de fato, é que poderia operar o milagre da transformação havida.

Campos verdejantes, pomares sazonados, cafezais extensos, algodoais alvejantes, canteiros ajardinados, pastagens de gado etc., substituem a selva inhospita, reabsorvendo-lhe a seiva, numa reafirmação triunfante de vida, de riqueza, de bem estar.

Recortado em todos os quadrantes por excelentes estradas de rodagem, articuladas com o caminho de ferro, o Norte do Paraná tem assegurado o escoamento de suas produções agricolas, pastoris e florestais.

Clima adoravel. Agua pura. Escolas. Igrejas. Usinas. Cinemas. Bancos. Industrias etc. Tudo como nos grandes centros metropolitanos.

Adquira, tambem, terras roxas, com facilidade de pagamento, da

Companhia de Terras Norte do Paraná
Séde: LONDRINA - Paraná

Escritorio em S. Paulo: Rua S. Bento, 329, 8.º andar — Caixa Postal, 2771

NOTA — Nenhum agente de vendas está autorizado a receber dinheiro em nome da Companhia.

(Titulos registados sob n. 12 de acordo com o decreto n.º 3079, de 15-9-1938).

Anúncio publicado no Jornal **O Estado de S. Paulo**, SP, em 1º/11/42

Seu imóvel

OTIMO LOTE DE TERRENO NA ALAMEDA CAMPINAS

COM FRENTE PARA 2 RUAS

(a 2 quadras da av. Paulista). Vende-se, com area de 170 m2, com frente tambem para a rua Dr. Seng — Pode-se construir 2 residencias. Preço Cr$ .... 960.000,00 — Tratar com o Departamento de Vendas de Imoveis do Banco A.E. Carvalho S.A. Rua Formosa, 413. Fones: 36-0209 — 36-1194 — 36-4088 — 36-4236 Ramal 7. (Filiado ao Sindicato dos Corretores de Imoveis)

Anúncio publicado no Jornal **Folha de S. Paulo**, SP, em 9/1/60

Na moeda de hoje	Valor de mercado
Cr$ 960.000,00 = R$ 123.197,22	Aproximadamente R$ 1.375,00 o m²

> "O espírito da propriedade dobra a força de um homem."
> *Voltaire*

Capítulo 4

Como juntar o dinheiro necessário

Se você sonha com a casa própria, prepare-se para poupar. Isso será fundamental para pagar a entrada em um imóvel financiado ou para comprá-lo à vista.

Quem tiver muita disciplina pode até comprar à vista. Certamente, é a melhor estratégia. Com o dinheiro na mão, é possível negociar mais e obter descontos na compra de um imóvel. Uma simples redução de 5% no preço estabelecido pelo vendedor pode significar alguns meses de trabalho.

De qualquer forma, o importante é ter boa parte do preço do imóvel na mão. Por essa razão, comece a imaginar uma estratégia para você juntar dinheiro logo.

Roteiro sugerido

1º passo: pague suas dívidas

Muitas famílias no Brasil destinam mais de 25% de sua renda ao pagamento de juros, o que chega a ser superior aos gastos com alimentação ou moradia. Um exagero! Os juros estão embutidos nas prestações da casa própria, nos crediários em lojas, nos cheques especiais ou nos cartões de crédito. As taxas cobradas no crédito ao consumidor no país têm sido extremamente elevadas. Elas acumulam até 200% ao ano contra uma inflação de menos de 5% no mesmo período. Isso faz com que muitas pessoas se desesperem e não consigam sair de uma terrível ciranda.

Em geral, o crédito é uma das melhores maneiras de se promover o desenvolvimento social em um país. Mas, infelizmente, as altas taxas de juros hoje funcionam ao contrário. Atualmente, no Brasil, o melhor investimento para as famílias é se livrar de todas as dívidas. Não adianta manter aplicações financeiras se você ainda está devendo o automóvel ou a TV de plasma. Dificilmente, alguém vai conseguir uma rentabilidade superior às taxas embutidas nos financiamentos.

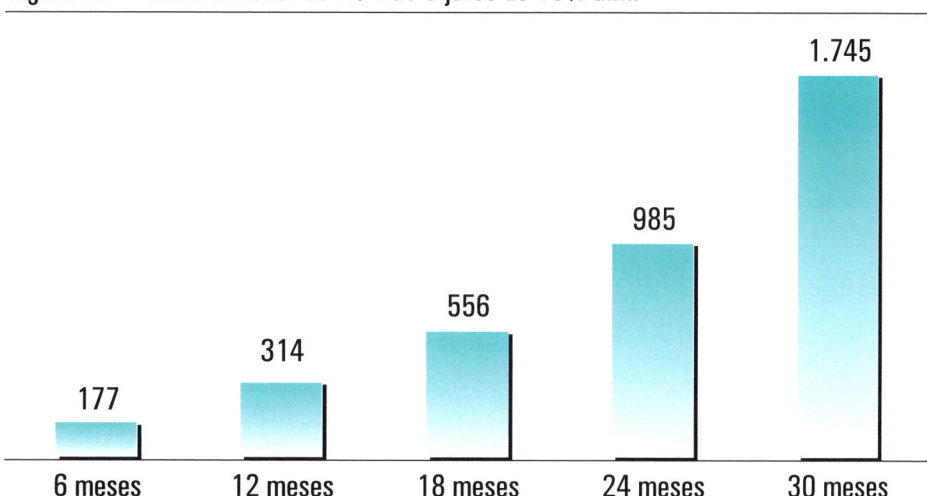

Figura 4.1 – Saldo devedor de R$ 100 a juros de 10% a.m.

6 meses	12 meses	18 meses	24 meses	30 meses
177	314	556	985	1.745

A figura 4.1 revela que manter um saldo devedor no crédito rotativo do cartão de crédito é muito perigoso. Deixar de pagar R$ 100,00 significa aumentar em 17 vezes o débito no fim de trinta meses.

O cartão de crédito é um instrumento muito prático. Mas, se você não tiver o dinheiro para quitar toda a fatura do mês, não compre. A facilidade do "dinheiro de plástico" pode transformar-se em um monstro em poucos meses. Quando chegar o extrato, pague tudo! Não se atreva a fazer apenas o pagamento mínimo indicado na fatura. Não deixe passar nem um centavo de dívida para o mês seguinte. Caso contrário, seu saldo devedor vai crescer ao ritmo de 10% ao mês, quando a inflação está em menos de 10% ao ano.

Procure descobrir qual porcentual de sua renda está comprometido com juros. Tenha bastante disciplina e faça um grande esforço para pagar todas as dívidas o quanto antes. Comece pelas mais caras, isto é, aquelas que cobram taxas mais elevadas, como os cheques especiais e os cartões de crédito. E, daqui para a frente, adie ao máximo seu consumo. Procure comprar somente quando você tiver todo o dinheiro para pagar à vista. É duro, mas vai fazer uma enorme diferença ao longo de sua vida.

Atualmente, muitas famílias estão fortemente endividadas. Os altíssimos juros cobrados provocaram uma situação bastante grave. Aliadas a isso, as baixas taxas de crescimento da Economia de 1981 a 2005 não foram suficientes para absorver os mais de 1 milhão de jovens brasileiros que, anualmente, procuram seu primeiro emprego. Em muitos casos, profissionais maduros foram substituídos por outros mais jovens, com salários mais baixos. Nesse cenário, é cada vez mais difícil conseguir uma recolocação no mercado de trabalho.

Se você é um dos que estão muito endividados, tenha calma e lute para sair dessa.

Dicas

- Seja transparente e honesto. Explique o que realmente aconteceu com você: perdeu o emprego, calculou mal suas despesas, gastou demais nos últimos meses, etc. Os profissionais que trabalham com cobrança ouvem desculpas o dia inteiro. Quando percebem que alguém está mentindo, sentem uma enorme antipatia, dificultando a negociação.

- Sempre faça contato com seus credores. Se você sentir que não vai ter condições de pagar uma dívida no seu vencimento, procure logo seu credor. Alerte-o com antecedência. Avise-o sobre as dificuldades e demonstre seu empenho em resolver a questão o quanto antes. Os credores, apesar de toda a "pose", são inseguros. Cobram juros altos, mas correm o risco de perder todo o capital emprestado. Por isso, embora eles possam parecer arrogantes, no fundo, no fundo, precisam de clientes de bom caráter. A continuidade do negócio de uma financeira ou de um banco depende da capacidade de recuperar os valores emprestados. Então, não fuja. Ao contrário, converse e sugira meios alternativos para quitar sua dívida o quanto antes.

- Faça pequenos pagamentos, simbólicos. Isso demonstra sua intenção de colaborar.

- Demonstre que você está mudando de vida. Revele a seu credor que, por exemplo, você começou a monitorar as despesas. Faça logo seu "dever de casa" e mostre-o ao credor. No Brasil, poucas famílias fazem isso. Por isso, quem começa a fazer seu planejamento financeiro consegue adquirir credibilidade nas renegociações de dívidas.

- Mantenha a calma. Saiba que, muito provavelmente, haverá espaço para uma redução no valor da dívida. Os juros têm sido tão elevados que, quase sempre, geram grandes lucros aos credores. Eles sabem disso e, por esse motivo, estão dispostos a conceder alguns descontos. Os credores desejam ardentemente recuperar o capital, a fim de continuar emprestando para outros clientes ou até mesmo para você, de novo.

- Troque uma dívida cara por uma mais barata. Juros do cheque especial, por exemplo, costumam ser muito altos. Um empréstimo pessoal no mesmo banco pode oferecer condições melhores.

2º passo: adquira o saudável hábito de só comprar à vista[1]

Assim que se livrar das dívidas, faça uma promessa: só compre à vista.

"Preciso de uma prestação para poder ter alguma coisa." Essa é uma frase muito popular no Brasil. Muitos temem que por não terem um compromisso, uma prestação, vão acabar gastando tudo. Assim, buscam a disciplina através de um crediário ou de um consórcio.

Infelizmente, é uma atitude que custa muito caro. Quem compra à vista pode pechinchar e impor regras. Quem compra a prazo obedece. É uma pena, mas poucos brasileiros conseguem conter o consumo e optar pela primeira alternativa.

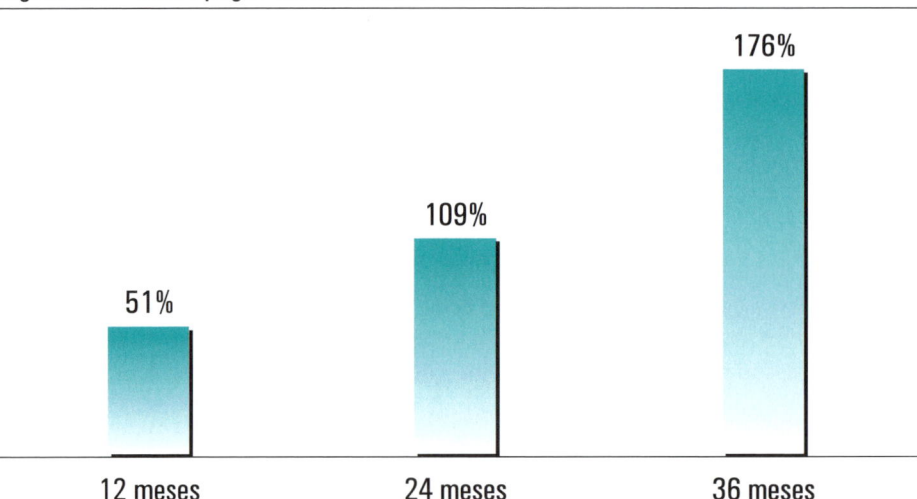

Figura 4.2 – Juros pagos em crediário de 7% ao mês

12 meses	24 meses	36 meses
51%	109%	176%

A figura 4.2 revela o total de juros pagos em um crediário a taxas de juros de 7% ao mês. Se um cliente parcela um televisor em 12 vezes, acaba pagando 51% de juros. Ao dividir em 24 vezes, paga dois televisores: leva um para casa e o outro fica na financeira sob a forma de juros. Para um parcelamento em 36 vezes, ele paga 2,76 vezes o valor do produto.

---

[1] Há uma exceção: no caso da compra de um imóvel, compare o valor dos juros com o do aluguel.

Alguns vão dizer que o problema está na falta de recursos financeiros do povo. Entretanto, ressalto que esses equívocos também surgem, com muita força, na classe média. Ela se torna refém do consumismo e de seus maravilhosos crediários.

"Para comprar, não precisa ter dinheiro, basta ter crédito. Leve hoje e pague depois!"

Triste brasileiro de classe média… Passa anos de sua vida trabalhando só para pagar os juros do automóvel, da TV de plasma, da nova cozinha ou da viagem de férias.

Muito melhor seria investir, isto é, colocar o dinheiro para trabalhar a seu favor. Deixar de ser escravo dos juros e, ao contrário, explorar o dinheiro, recebendo seus rendimentos.

Mas existe um requisito para isso: disciplina. Precisamos nos conter, refletir muito antes de fechar um negócio e ser muito conservadores ao estimar nossa real capacidade de pagar os compromissos assumidos.

3º passo: faça uma reserva de emergência

Reserve uma quantia e aplique em CDB, fundo DI ou em caderneta de poupança. É a melhor vacina contra os altos juros cobrados no cheque especial. Se você tem um emprego estável, procure manter o equivalente a três vezes suas despesas mensais em aplicações de curto prazo. Assim, se seu gasto for de R$ 2 mil por mês, tente alcançar R$ 6 mil em sua reserva. Mas, se sua renda for instável ou se você teme perder o emprego, lute para juntar o equivalente a seis vezes suas despesas mensais. No exemplo anterior, o ideal seria manter R$ 12 mil. Sei que é difícil alcançar essa meta. Pode levar alguns anos. Mas perceba que é uma boa maneira de se "imunizar" contra o endividamento.

Evite gastar com bobagens antes de completar sua reserva de emergência. Reduza os gastos em viagens de férias, imponha limites em despesas com lazer e com refeições fora de casa. Corte tudo que não for essencial durante essa fase.

4º passo: comece a investir para comprar sua casa

E-MAIL

De: Solange, Brasília (DF), 32 anos.

Consegui juntar R$ 80.000,00 na caderneta de poupança. Desejo comprar um apartamento de R$ 180.000,00 nos próximos três anos, sem recorrer a financiamentos. Gostaria de obter um rendimento maior para conseguir atingir minha meta o mais rápido possível. O que devo fazer? Investir em fundos de ações ou em dólar?

Resposta:

Quem tem o firme propósito de comprar a casa própria em pouco tempo não pode assumir altos riscos. Sou defensor do mercado de ações, mas desaconselho investir nele por períodos inferiores a cinco anos. A volatilidade (oscilação) da bolsa é muito intensa, podendo machucar seriamente o investidor que deseja resultados de curto prazo. No seu caso, sugiro ficar na renda fixa. Escolha dentro do seguinte cardápio:

- Caderneta de poupança tem um rendimento mais previsível, mas nem sempre ganha da inflação.

- Fundos DI[2] devem continuar a render mais que a caderneta no médio prazo.

- CDBs precisam ser negociados com os bancos. O pequeno poupador terá dificuldades em encontrar uma boa remuneração. Precisa pesquisar bastante.

- Tesouro Direto. Consiste em comprar títulos públicos diretamente do Tesouro Nacional. Visite o site **www.tesourodireto.gov.br** para conhecer detalhes da operação. Não é tão prático como um fundo ou um CDB, mas pode trazer rendimentos superiores, com risco menor.

(continua)

---

[2] Fundo DI é uma aplicação em renda fixa que tenta acompanhar a taxa de juros do CDI (Certificado de Depósito Interfinanceiro).

> (continuação)
>
> Outra saída seria propor um parcelamento do imóvel ao vendedor. Se for "zero-quilômetro" será muito fácil conseguir. Mas os vendedores cobram mais pelo "cheiro de novo". Se for usado, será um pouco difícil, mas não custa tentar.
>
> Solange, o sucesso da estratégia vai depender muito de sua capacidade de continuar a poupar. Observe bem seu orçamento e procure descobrir espaço para maiores cortes.
>
> **Boa sorte e parabéns pela dedicação!**
> Mauro

Juntar dinheiro e ainda curtir a vida?

Sim, isso é possível. No entanto, poucos conseguem. Um apelo consumista, alimentado por modismos que exploram a inexperiência de nossos jovens, reduz orçamentos a pó, inviabilizando ou retardando a formação da poupança de longo prazo.

"Economizar e poupar? Nem pensar, quero curtir minha vida! Não quero saber de ter grana só depois de velho!"

Cuidado! A pressa é inimiga da perfeição. Não acredite em dinheiro fácil. E o que é bom pode durar pouco.

A figura 4.3 exibe o Ciclo da Vida Financeira de um brasileiro. Note que, após os 45 anos, ele começa a ganhar menos em seu trabalho. É um declínio natural e acontece em quase todos os países do mundo.

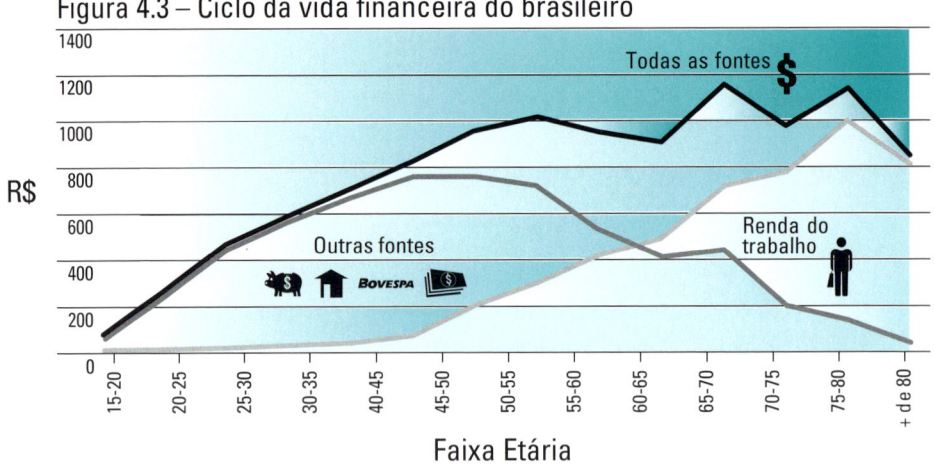

Figura 4.3 – Ciclo da vida financeira do brasileiro

[Gráfico mostrando R$ por Faixa Etária (15-20 a +de 80), com linhas para "Todas as fontes", "Outras fontes" (Bovespa) e "Renda do trabalho"]

Fonte: Neri, Carvalho, Nascimento. **Ciclo da Vida e Motivações Financeiras**. Texto para discussão 691, IPEA, 1999.

Alguns contam com uma renda adicional, originada de rendimentos de aplicações financeiras e aluguéis. Mas tal complementação só é obtida pelos que poupam na juventude.

Poupar é adiar um gasto atual para que se possa consumir mais no futuro. A compensação por essa renúncia, principalmente no Brasil, é o alto retorno que muitas aplicações oferecem.

Mas a recompensa só é oferecida para os disciplinados que se dedicam a aprender a investir e têm paciência.

Não vale a pena curtir a vida apenas na juventude. Por que não ter o privilégio de também aproveitar após os 50?

Aproveite e seja mais um a investir e a curtir a vida, mas a vida **inteira**.

Caso

Alberto, 91 anos, é filho de imigrantes italianos que se fixaram em Curitiba. Aos 19 anos, começou a trabalhar na antiga Rede Ferroviária Federal assentando dormentes. Casou-se com a professora Cantídia, com quem aprendeu as primeiras letras. Tiveram sete filhos.

Desde cedo, Alberto preocupou-se em comprar imóveis. Levou um tombo logo no primeiro. Pagou, durante quatro anos, prestações de uma pequena casa na Rua Piquiri. O contrato foi feito "de boca", sem papel. Ao terminar o prazo combinado, Alberto pediu para o vendedor formalizar a transação. Recebeu, como resposta, uma negativa: ele teria que pagar mais um ano inteiro de prestações...

Alberto tomou o episódio como uma grande lição. Exigiu um contrato, pagou tudo e nunca mais aceitou fazer negócios informais. Ao longo de sua vida, comprou nove casas. Sempre deu preferência a bairros operários de Curitiba: Vila Hauer, Rebouças e Cajuru. Comprava o que podia com seu suado salário. Fazia pequenas reformas com a ajuda de um programa de rádio chamado "Troca-troca", por meio do qual os ouvintes negociavam quase tudo.

Os aluguéis recebidos eram muito importantes. Graças a eles, conseguiu pagar o estudo dos sete filhos e ainda manter uma casa na praia. A família nunca foi de grandes gastos. Muito pelo contrário, Alberto controlava tudo. Até as despesas de luz e de água.

— "Chi va piano, va sano e va lontano" (que equivale a "devagar se vai ao longe").

Na fase madura, Alberto continua uma pessoa lúcida, bem-humorada e controlada. Até hoje, ele empresta dinheiro para os filhos e para os netos. Nunca se esquece de cobrar um pouquinho além dos juros da poupança "para ninguém se aproveitar".

A renda de aluguéis é um excelente reforço para sua pequena aposentadoria. E que bela poupança ele tem acumulado! Ainda bem, porque hoje ele tem que pagar remédios caros e uma enfermeira que o acompanha eventualmente. Mas tudo muito organizado e sob controle...

Quando ensinar finanças a seus filhos

E-mail

De: Paula, Porto Alegre (RS)

Não consigo controlar as despesas de meus filhos. Eles vivem me pedindo dinheiro e eu não consigo negar. O que devo fazer para que isso não se torne um vício para eles?

Resposta:

Paula,

Vivemos em um tipo de sociedade em que nossos filhos são alvos fáceis do consumo. A pressão para consumir o supérfluo é cada vez mais intensa.

Infelizmente, no Brasil, poucas escolas oferecem Educação Financeira.

Por essa razão, sugiro que você comece a ensinar a seus filhos sobre o mundo do dinheiro, desde cedo.

Semanadas devem ser estipuladas a partir dos 6 ou 7 anos. Sugiro, para famílias de classe média, pagar entre R$ 1,00 e R$ 2,00 por semana, para cada ano de vida. Assim, um garoto de 8 anos, receberia de R$ 8,00 a R$ 16,00 por semana e seria responsável pela compra de pequenos lanches. Aos 11 anos, ele receberia de R$ 11,00 a R$ 22,00 e seria responsável por pagar o aluguel de um DVD, por exemplo.

Uma sugestão é ensinar a criança a dividir a semanada em três partes: uma para os pequenos gastos semanais, uma para economizar e uma terceira e menor parte para doação.

Evidentemente, esses valores dependem muito do nível de renda da família. A idéia fundamental é estipular quantias fixas e responsabilidades claras. Com o passar do tempo, amplie os compromissos juntamente com o valor da semanada.

Procure ensinar o conceito de poupança: "renunciar ao consumo hoje, para poder consumir mais amanhã". Os juros funcionam como um prêmio para quem tem paciência de juntar o dinheiro e comprar à vista. Quem tem muita pressa terá de agir ao contrário, pagando um grande prêmio à financeira: juros altos. Não se esqueça de apontar a seu filho as vantagens da primeira alternativa. Nesse sentido, economizar 10% da semanada para comprar um produto mais caro, como um tênis ou um jogo eletrônico, será uma experiência muito importante.

Aproveite também para ensinar princípios de solidariedade. Doar 5 ou 10% da semanada pode ser um hábito saudável. A criança vai se sentir privilegiada em poder ajudar outras menos favorecidas. Isso pode conter seus impulsos consumistas, além de ser uma ajuda valiosa para a formação de um cidadão solidário.

E se eles gastarem demais? Combine uma punição, do mesmo jeito que o banco faz com você no cheque especial. Esses "juros" devem ser descontados dos pagamentos seguintes. Permita que seu filho use o velho método de aprender com "erros e acertos". É melhor que isso aconteça com pouco dinheiro, enquanto ele é criança, do que com muito, depois de adulto.

Boa sorte,
Mauro

EM POUCAS PALAVRAS

- 1º Passo: pague suas dívidas;

- 2º Passo: só compre à vista;

- 3º Passo: faça uma reserva de emergência;

- 4º Passo: invista para comprar seu imóvel.

> "Dê a um homem a propriedade de uma grande pedra, que ele vai transformá-la em um jardim. A magia da propriedade transforma areia em ouro."
> *Arthur Young*

Capítulo 5

Aluguel: pagar, fugir ou receber?

"Estou solteiro..."

Caso

Luís Alfredo formou-se em Administração de Empresas, em São Paulo. Logo foi selecionado por uma grande empresa para trabalhar em Ribeirão Preto. Ao chegar à cidade, solteiro, com 28 anos, decidiu comprar um pequeno apartamento para "fugir do aluguel". Conseguiu um financiamento de quinze anos, com juros de TR + 12% a.a.

Três anos depois, recebeu um convite para trabalhar em Belo Horizonte. A proximidade de seus familiares, mineiros, pesou muito na decisão. Ao perceber que o saldo devedor do imóvel em Ribeirão era superior ao seu valor de mercado, preferiu alugá-lo, aguardando melhor oportunidade para vender o apartamento. Em BH, tomou outro financiamento para adquirir um imóvel maior, no bairro Sion. Paga TR + 15% a.a. de juros.

> Quatro anos depois, mais uma oportunidade tentadora. Trabalhar em uma grande multinacional, na cidade de São Paulo. Luís Alfredo sentiu-se muito honrado. Além disso, estava "namorando firme" uma paulistana. Depois de algumas semanas de grande indecisão, mudou-se para São Paulo, novamente. Hoje ele paga aluguel em um pequeno apartamento na região dos Jardins. Com muita dificuldade, conseguiu alugar, barato, seu imóvel em Belo Horizonte.
>
> Em resumo, Luís Alfredo recebe um aluguel em Ribeirão e outro em BH. Paga prestações nas duas cidades e um aluguel, alto, em São Paulo. E o pior, já teve que administrar uma pequena reforma no primeiro apartamento, vítima do desleixo de um locatário. No fim do mês, sobra quase nada em seu orçamento, "teoricamente folgado".

Comprar a casa própria requer algumas ponderações. Sugiro que solteiros, descasados ou profissionais sujeitos a mudanças de cidades tenham muita calma antes de adquirir o "apartamento de seus sonhos".

Se você está nessa situação, mas gostaria de investir no mercado imobiliário, pense em adquirir pequenos imóveis comerciais antes de comprar a casa própria. Vagas de garagem ou salas comerciais em bairros menos nobres podem lhe proporcionar boa renda de aluguel. Além disso, são imóveis sujeitos a menor depreciação.

O mais atraente nas propriedades pequenas, de menor valor, é que elas podem ser adquiridas à vista, sem o pagamento de juros. Uma vez comprado esse primeiro imóvel, seus rendimentos de aluguel ajudarão muito na compra da casa própria.

Outra alternativa para os mais modernos seria investir em fundos imobiliários. Vamos discutir isso no capítulo 6.

> **DICA**
>
> Estratégia Flexível: receber aluguéis de imóveis comerciais pequenos, ao mesmo tempo em que se paga aluguel em um imóvel residencial, costuma ser uma boa estratégia para quem está sujeito a muitas mudanças na vida familiar e profissional e, por isso, precisa de maior flexibilidade.

Se você mora em uma grande região metropolitana, como São Paulo ou Rio de Janeiro, e está sujeito a freqüentes mudanças de local de trabalho, pense em adotar a "Estratégia Flexível". Conheço alguns profissionais que compraram sua residência próximo ao trabalho, pensando em facilitar a locomoção. Em poucos anos, mudaram de emprego e, hoje, enfrentam mais de três horas por dia no trânsito.

> **DICA**
>
> Quando você compra uma residência, está levando junto a localização. Preste muita atenção na distância que, diariamente, você e seu cônjuge terão de percorrer até o local de trabalho. Em grandes cidades, essa logística transformou-se em um critério-chave na escolha da residência!

Mas nem tudo é perfeito na "Estratégia Flexível".

- Os imóveis pequenos podem ficar desalugados, enquanto você continua a pagar o aluguel da residência. Isso pode gerar um desequilíbrio. Lembre-se de fazer uma reserva de emergência para enfrentar tais ocasiões.

- Pode dar trabalho negociar com inquilinos ou administradores e ainda ter que tratar com o proprietário de sua residência. Esse é o preço de uma maior flexibilidade no futuro.

- Quando você recebe um aluguel, tem que pagar Imposto de Renda. Quando você paga aluguel, não há desconto no IR.

Para quem está com a vida definida...

CASO

Anselmo e Márcia são casados há vinte anos. Com dois filhos, alugam um apartamento de três dormitórios no bairro do Leblon, no Rio de Janeiro. Anselmo é funcionário da prefeitura, e Márcia, psicóloga, tem um consultório próprio. Como os filhos nasceram logo no início do casamento, nunca sobrou dinheiro para dar entrada em um apartamento grande. A opção pelo aluguel deu-lhes maior conforto. Hoje, contando seus dois automóveis, mas descontando as dívidas no cheque especial e no cartão de crédito, eles têm um patrimônio líquido próximo a zero. Passaram anos pagando aluguel...

Ao contrário de Alfredo, o casal Anselmo e Márcia deveria ter adquirido um apartamento próprio o quanto antes. Muito cedo, já haviam definido o perfil familiar. Suas atividades profissionais, praticamente, impossibilitavam mudanças de cidade. Entretanto, a busca do conforto de um apartamento maior e bem localizado acabou levando-os a pagar um aluguel muito alto, impedindo a formação de uma poupança para comprar a residência própria. A solução, neste último caso, seria alugar um imóvel menor ou localizado em um bairro menos sofisticado. O importante seria rever o orçamento da família, de forma a sobrar algo, se possível, todos os meses. A poupança, assim acumulada, serviria como entrada no apartamento a ser financiado.

Se você passar a vida inteira pagando aluguéis, estará correndo um risco. No longo prazo, os imóveis tendem a superar a inflação. Entretanto, você não tem qualquer garantia de que seu salário vai subir no mesmo ritmo. Em geral, com o passar dos anos, o aluguel de um mesmo imóvel toma uma fatia cada vez maior de seu salário. Para não passar dificuldades, você vai ter que contar com promoções no trabalho ou com alguma medida transitória que proteja os inquilinos. Depender disso é muito arriscado.

Uma vantagem de quem compra a casa própria está no conforto de se livrar do aluguel, na fase mais madura da vida. Os aposentados que conseguiram adquirir uma residência contam com essa importante folga nos orçamentos. Quem passou boa parte da vida pagando prestações de um financiamento imobiliário deverá conseguir essa recompensa. As parcelas pagas funcionam como uma "poupança forçada", ao longo da vida.

Alguns inconvenientes de ser inquilino

Se houver uma chuva de granizo que danifique o telhado de sua casa, você vai ter que contar com a boa vontade do proprietário para que o conserto seja rápido. Talvez ele esteja em um momento financeiramente ruim ou seja do tipo mesquinho, que não se sensibiliza muito com os pedidos do locatário. Algumas semanas com goteiras no teto serão o suficiente para deixar você furioso...

Por outro lado, se você for o proprietário da casa, tudo estará sob seu controle. Mas lembre-se de que a conta do conserto será, também, toda sua.

Um grande inconveniente para o inquilino é a insegurança no fim do contrato. O proprietário pode decidir vender o imóvel para alguém que deseja nele residir. Outra situação desagradável acontece quando um filho do locador decide residir no imóvel do pai. Só resta ao inquilino providenciar sua mudança no término do contrato.

> **DICA**
>
> Se o inquilino desistir da locação no meio do contrato, ele deve pagar uma multa proporcional ao tempo que falta para o fim da locação. Por exemplo, em um contrato de trinta meses, restando dez meses para o fim do prazo de locação, a multa deve ser de 1/3 do valor estipulado em contrato.

O que é denúncia vazia?

Desde 20.12.1991, nos contratos de locação residencial com prazo igual ou superior a trinta meses, o proprietário pode pedir o imóvel de volta, sem explicar o motivo. É a chamada denúncia vazia.

Anteriormente, só era possível o proprietário retomar o imóvel residencial no caso de uma denúncia cheia:

- ocupação pelo proprietário, seus pais ou filhos que não tivessem imóvel próprio;

- obras;

- demolição;

- construção de edifícios.

Por que fugir do aluguel?

Quem paga aluguel a vida inteira acaba gastando várias vezes o valor da residência. Se você começar a investir o dinheiro do aluguel, obtendo um rendimento de 0,5% ao mês, acima da inflação[1], pode juntar uma pequena fortuna, no fim de alguns anos.

A figura 5.1 mostra um quadro com o patrimônio acumulado no fim de alguns anos, pela aplicação mensal do dinheiro do aluguel. Tomei como base um imóvel de R$ 50 mil e analisei diferentes porcentuais de pagamento do aluguel. Tradicionalmente, fala-se em 1% ao mês do valor do imóvel. Mas o mercado também passa por momentos ruins, de tempos em tempos. Por isso, considerei 0,6% ao mês como uma estimativa para o aluguel residencial. Para esse porcentual, no fim de quarenta anos, o valor acumulado seria quase doze vezes o valor inicial do imóvel, além do ajuste da inflação.

Figura 5.1 – Valor acumulado ao se investir o aluguel a 0,5% ao mês
Valor hipotético do imóvel R$ 50.000,00

Tempo	Porcentual cobrado sobre o valor do imóvel no aluguel				
Anos	0,40%	0,60%	0,80%	1,00%	1,50%
5	R$ 13.954	R$ 20.931	R$ 27.908	R$ 34.885	R$ 52.328
10	R$ 32.776	R$ 49.164	R$ 65.552	R$ 81.940	R$ 122.910
20	R$ 92.408	R$ 138.612	R$ 184.816	R$ 231.020	R$ 346.531
30	R$ 200.903	R$ 301.355	R$ 401.806	R$ 502.258	R$ 753.386
40	R$ 398.298	**R$ 597.447**	R$ 796.596	R$ 995.745	**R$ 1.493.618**

---

[1] Essa é minha estimativa do rendimento de um fundo de renda fixa, com baixa taxa de administração, no longo prazo.

Seu imóvel

Preocupo-me com a camada menos favorecida da população que paga até 1,5% ao mês sobre o valor do imóvel como aluguel. São pessoas que poderiam acumular trinta vezes o valor do imóvel, se investissem o aluguel por quarenta anos!

O que fica no bolso do locador?

Devemos notar que os valores não ficam, integralmente, no bolso dos proprietários de imóveis locados. Eles precisam pagar Imposto de Renda, suportar despesas de manutenção e ainda enfrentar períodos com o imóvel vago. Mas não deixa de ser um bom negócio, veja só:

- Valor do imóvel: R$ 100.000,00.

- Aluguel bruto: 0,6% (varia entre 0,5 e 1,0% ao mês sobre o valor do imóvel) = R$ 600,00.

- Imposto de Renda[2]: até 27,5% sobre o aluguel bruto = R$ 165,00.

- Renda mensal após pagamento de IR = R$ 435,00 ou 0,435% do imóvel.

- Renda anual, considerando que o imóvel fica, em média, dois meses vago por ano[3]: R$ 4.350,00 ou 4,35% do imóvel.

- Depreciação do imóvel: R$ 1.850,00 (equivalente a 1,85%; varia entre 1% e 2,7% sobre o valor do imóvel por ano).

- Renda anual líquida de IR, período vago e depreciação: R$ 2.500,00 (2,5% do valor do imóvel).

---

[2] A alíquota de 27,5% é a mais alta do IR. Estou sendo conservador, escolhendo o pior cenário.

[3] Hoje, há uma boa quantidade de imóveis de classe média vagos. Entretanto, em 1994, era difícil encontrar apartamentos para locação.

O porcentual líquido de 2,5% por ano acumula 28%, no fim de dez anos; 64%, no fim de vinte anos; 110%, no fim de trinta anos; 169%, no fim de quarenta anos. Tudo isso é ganho real, acima da variação da inflação[4]. Ganhos lentos, mas sólidos.

Pequenas variações acima do estimado 2,5% ao ano vão fazer uma grande diferença ao longo do tempo. Por exemplo, se você conseguir 3,5% líquidos por ano, no fim de trinta anos o valor acumulado subirá de 110% para 180%. Nada mau, não é?

Vale a pena dedicar-se para obter uma boa rentabilidade em seus imóveis para locação. Fiz um exercício de Análise de Sensibilidade com o *software Risk*[5]. As variáveis mais importantes na definição da renda líquida anual obedecem à seguinte ordenação:

- **Porcentual do aluguel bruto**. Quanto maior a proporção entre o aluguel cobrado e o preço do imóvel, maior a rentabilidade. É um fator extremamente importante.

- **Meses vagos**. Quanto menor for o período médio com o imóvel vazio, maior a rentabilidade. É um fator muito importante.

- **Depreciação**. Quanto menor o desgaste, melhor a rentabilidade anual. É um fator importante.

Há outras variáveis que dificultam a análise. Uma nova lei do inquilinato, por exemplo, pode congelar os preços por um longo prazo. Uma taxa alta de inflação provocará corrosão na rentabilidade, se houver limites mínimos de tempo para se fazer reajustes (seis meses, por exemplo). É muito difícil prever o surgimento de tais fatores em um horizonte de vinte ou de trinta anos. Mas eles não devem ser esquecidos, ao se analisar o risco de um investimento imobiliário.

---

[4] Estou supondo que o preço do imóvel, pelo menos, acompanha a inflação no longo prazo.
[5] *Risk* é um programa estatístico para análise avançada de risco e de sensibilidade. É produzido pela Palisade, EUA.

Não exagere

> ### Caso
>
> Adílson e Silmara, 35 anos, sem filhos, estão muito bem profissionalmente. Adílson é publicitário e Silmara é editora de uma revista. O casal ganha mais de R$ 30 mil por mês. Decidiram comprar um belo apartamento de quatro suítes. Preço do imóvel: R$ 900 mil. Entrada de R$ 500 mil e prestações de R$ 10 mil. Diante de uma crise no mercado publicitário, Adílson perdeu seu emprego e ainda não conseguiu recolocação. Silmara está em uma situação bastante complicada no trabalho. Há fortes ameaças de a revista fechar e ela ser demitida. Não será fácil pagar as prestações do apartamento…

Não exagere ao comprar sua residência. Mesmo que você tenha hoje uma boa renda, seja conservador. Evite contrair grandes dívidas com elevadas prestações. No caso de Adílson e Silmara, há uma forte correlação entre o mercado publicitário e o mercado de revistas. Quando faltam anunciantes, as revistas tendem a demitir. E fica difícil para todos os profissionais daquele segmento conseguir um novo trabalho. Por isso, se a profissão de seu cônjuge tiver uma forte relação com a sua, redobre a cautela.

Sua casa não é um troféu

Alguns casais sentem-se mal quando percebem que os amigos de mesma idade já "resolveram" o problema da casa própria. Eles sentem-se inferiorizados. Acabam tomando atitudes precipitadas…

Não se deixe enganar. Comprar uma residência financiada não significa "resolver" o problema da casa própria. Alguns chegam a dizer "comprei um apartamento" quando, na verdade, estão devendo 80%, ou mais, do imóvel.

Conheço pessoas que deram uma festa aos amigos quando receberam a carta de crédito em um financiamento para a casa própria. Depois de poucos anos, tiveram que desistir do imóvel.

A compra de uma residência financiada exige muito amadurecimento. Em nossos tempos, quando os empregos são cada dia mais instáveis e os juros muito elevados, há sempre um risco na operação de financiamento imobiliário. O ideal seria juntar o dinheiro, investindo de forma diversificada, e tomar o mínimo emprestado. Mas tem que haver muita disciplina...

Mark Shroder[6] aponta vantagens e desvantagens de uma família tornar-se proprietária de uma casa:

> **+ VANTAGENS (DE COMPRAR A RESIDÊNCIA)**
>
> ▶ Há possibilidade de se lucrar ao implementar melhorias na residência; o proprietário pode ver, tocar e reformar o imóvel. Essa capacidade dá mais segurança ao investidor do que investir em ações ou em fundos de renda fixa, por exemplo.
>
> ▶ Oferece boa proteção contra o processo inflacionário.
>
> ▶ A casa pode ser usada em garantia de empréstimos bancários.

---

[6] SHRODER, Mark. **What Makes a Household Landlord?** Washington D.C.: Office of Policy Development and Research, 1997.

⊖ Desvantagens (de comprar a residência)

▷ Há necessidade de se ter uma quantia relativamente grande. E é muito difícil vender frações de uma residência.

▷ Os custos de negociação (registros, corretagens, impostos, etc.) são elevados.

▷ Impõe riscos fora do controle do comprador. Por exemplo, um presídio pode ser construído na frente do imóvel, desvalorizando-o.

⊙ Em poucas palavras

Se você já tem uma família definida e não pensa em se mudar, faça um grande esforço para se livrar do aluguel. Do contrário, pagará várias vezes o valor do imóvel ao proprietário, ao longo de sua vida.

Se já tem a casa própria, pense em comprar pequenos imóveis, para lhe proporcionar uma renda extra. Ela será muito útil em sua aposentadoria.

Aluguel: pagar, fugir ou receber?

> **AV. MOEMA — SOBRADOS — Cr$ ......
> 3.000.000,00 C/FAC.** — Perto do Esporte Clube Sirio, rua c|todos melhoramentos, novos, isolados, finamente construidos, cont.: 3 dormits. e demais dependencias para familia de fino trato.
> **PREMIER IMOVEIS** — Pça. da Liberdade, 77. Tels.: 36-5376 e 35-1850.

Anúncio publicado no Jornal **Folha de S. Paulo**, SP, em 26/3/60

Na moeda de hoje	Valor de mercado
Cr$ 3.000.000,00 = R$ 377.346,57	Aproximadamente R$ 1.300,00 o m² construído

> **ALTO DE PINHEIROS — CASA TERREA —
> Cr$ 3.800.000,00 C/ FAC. ATE' 3 ANOS** — Otima residencia, cont.: jardim de inverno, living e sala jantar conjugadas, 3 dormits. c|arms. embutidos, banh. compl. em cores, grande copa-coz., lavanderia, garagem, dependencias de empr., etc.
> **PREMIER IMOVEIS** — Pça. da Liberdade, 77. Tels.: 36-5376 e 35-1850.

Anúncio publicado no Jornal **Folha de S. Paulo**, SP, em 26/3/60

Na moeda de hoje	Valor de mercado
Cr$ 3.800.000,00 = R$ 477.972,29	Aproximadamente R$ 1.300,00 o m² construído

"Quanto mais eu poupo, mais sorte eu tenho."
Stephen Riley

Capítulo 6

Novidades no mercado imobiliário: títulos de capitalização, consórcios e fundos

Títulos de capitalização: aposta ou investimento?

Você já deve ter visto alguns comerciais sobre títulos de capitalização, que prometem prêmios atraentes e ainda se apresentam como investimentos. No discurso de venda, prometem juntar o útil ao agradável. Recentemente, alguns têm se apresentado como uma alternativa para comprar a casa própria.

No mercado financeiro, aprendi que "não existe almoço grátis", isto é, "tudo tem seu preço". Para oferecer bons prêmios, um investimento não pode ser tão rentável. O dinheiro a ser sorteado tem de sair de algum lugar.

Confira, detalhadamente, o regulamento de qualquer produto que ofereçam a você. No caso dos títulos de capitalização, a rentabilidade é inferior à da caderneta. As taxas de administração também costumam ser exageradas e, muitas vezes, há prazos de carência e severas penalidades para os que desistem.

Quanto aos sorteios, eles também não são muito interessantes. Os jogos costumam ser um grande negócio para seus promotores. Para a maioria dos participantes, não ganhar é o mais provável. O sonho do dinheiro fácil termina em pouco tempo. E se você quiser renová-lo vai lhe custar mais um pouco de seu suado dinheiro.

➕ Vantagens (títulos de capitalização)

▷ Impõem uma disciplina a gastadores compulsivos.

▷ A "poupança forçada" é muito melhor do que o consumo supérfluo.

▷ Oferecem prêmios aos que têm sorte.

➖ Desvantagens (títulos de capitalização)

▷ Têm prazos de carência e penalidades severas para quem desiste.

▷ Não garantem a compra da casa. Apenas os sortudos receberão prêmios. Os demais vão receber suas contribuições de volta com rendimento inferior ao da poupança.

▷ As taxas de administração cobradas são elevadas.

▷ A probabilidade de ser premiado é pequena.

Com sorte no consórcio?

Os consórcios são muito populares no Brasil. Muitos acreditam que esta seja uma forma de se fazer uma poupança forçada. Como "dinheiro na mão é vendaval", eles logo procuram um disciplinador, assumindo uma prestação em um consórcio para imóveis, por exemplo.

Como funciona?

Um dos consórcios mais conhecidos do Brasil é o da Caixa Econômica Federal[1], que permite não somente a aquisição, mas também construção, reforma ou ampliação de um imóvel.

A vantagem dos consórcios é que não há juros embutidos e os custos iniciais costumam ser menores do que nos financiamentos. A grande desvantagem é que você tem de esperar até ser sorteado para receber o dinheiro. Em geral, o parcelamento varia de 60 a 120 meses, conforme o valor do imóvel. No caso do consórcio da Caixa, pode-se optar por grupos de até 150 meses.

Nas assembléias realizadas periodicamente, define-se quem serão os contemplados por sorteio ou de acordo com o lance ofertado.

O valor da carta de crédito e, conseqüentemente, do saldo devedor e das prestações são atualizados a cada doze meses, contados a partir do mês da assembléia de formação do grupo, pela variação da inflação dos últimos doze meses.

---

[1] Fonte: www.cef.gov.br

E-MAIL

De: Eduardo, Belo Horizonte (MG)

Estou pensando em entrar em um consórcio para a casa própria. São 144 prestações de R$ 510,00 para obter uma carta de crédito de R$ 60 mil. Você acha um bom negócio?

Resposta:

Se você tiver sorte de ser contemplado logo no início, será um ótimo negócio. Vai se livrar do aluguel e não pagará os juros dos financiamentos. Só as taxas da administradora do consórcio.

Mas, se você tiver azar e ficar para o final, será muito ruim porque estará com seu dinheiro preso, recebendo apenas a correção da inflação pelo INCC (Índice Nacional da Construção Civil). Não vai se livrar do aluguel e ainda vai perder a oportunidade de ganhar juros reais durante doze anos. E isso é muito significativo.

Uma alternativa seria investir os R$ 510,00 da prestação em um fundo de renda fixa, com baixas taxas de administração. Se, ao longo do tempo, conseguir uma rentabilidade de 0,5% ao mês, acima da inflação, já terá os R$ 60 mil em 93 meses. No consórcio, precisaria pagar mais 51 prestações para chegar ao mesmo ponto.

Além disso, dinheiro na mão, geralmente, vale mais. Experimente dizer ao vendedor de um imóvel que você tem uma carta de crédito; depois diga que tem o dinheiro na mão. Você pode conseguir não apenas um sorriso do vendedor, mas também um desconto na compra.

"No consórcio, não se pagam juros. Não seria melhor do que tomar um financiamento?"

Consórcio é bem diferente de financiamento. No primeiro, você tira o dinheiro do bolso para pagar as parcelas, mas só se livra do aluguel quando for sorteado. No financiamento, o banco coloca o "dinheiro no seu bolso", você se livra do aluguel e vai pagando as prestações já morando na casa nova.

No financiamento, há juros acima da inflação. No consórcio, não; só há um ajuste pela inflação, geralmente pelo Índice Nacional da Construção Civil (INCC). Mas quem "banca" esse privilégio? Resposta: o cliente que é sorteado no final. Ele acaba emprestando seu dinheiro, sem cobrar juros reais, aos sortudos que são sorteados no início.

Outra diferença muito importante está no risco de crédito. No financiamento, o cliente pode ter dificuldades e o banco vai ter que correr para cobrar a dívida. Mas ele é um profissional e sempre exige uma garantia real, uma hipoteca do imóvel, por exemplo.

No consórcio, até ser sorteado, quem corre o risco de crédito é você. Infelizmente, o cliente não tem uma garantia real da administradora. Tem que confiar apenas no passado da empresa. O Brasil tem sido um país economicamente instável, apesar das nítidas melhoras, e não é tão fácil administrar empresas de consórcios, em algumas ocasiões.

Mas o Banco Central não supervisiona os consórcios?

Sim. O BC monitora as administradoras, mas não dá garantias a seus clientes. Isso exige que você seja muito criterioso ao escolher uma administradora de consórcios. Escolha aquela que seja muito sólida e idônea.

Minhas sugestões para o aprimoramento da indústria de consórcios:

As administradoras precisam criar um fundo garantidor que dê tranqüilidade aos clientes, no caso de quebra de uma instituição, de forma semelhante ao que acontece com os depósitos nos bancos.

As administradoras deveriam dar um desconto nas taxas cobradas, quando recebem um lance[2]. Afinal, isso nada mais é do que o pagamento antecipado de várias prestações. Não seria justo um desconto?

➕ Vantagens (consórcios de imóveis)

▸ Impõem disciplina a gastadores compulsivos.

▸ A "poupança forçada" é muito melhor do que o consumo supérfluo.

▸ Quem tem sorte, e é premiado no início, livra-se dos juros dos financiamentos.

▸ Pode ser útil para quem não tem pressa de comprar a casa e conta com a sorte.

---

[2] Além do sorteio, o participante de consórcio pode obter a carta de crédito se propuser um lance maior que o de outros clientes. Lance é o pagamento antecipado de prestações.

DESVANTAGENS (CONSÓRCIOS DE IMÓVEIS)

▷ Paga-se até 20% de taxas ao administrador do consórcio. Assim, se você deseja uma carta de crédito de R$ 50 mil, terá que pagar perto de R$ 10 mil só de taxas.

▷ Se desistir no meio do caminho, só vai receber o valor pago no final do prazo do consórcio. Sem juros, só corrigido pela inflação.

▷ Se der um lance, terá que pagar antecipadamente as taxas de administração, sem qualquer desconto.

▷ Há riscos de crédito envolvidos, isto é, se a administradora quebrar, o prejuízo será do cliente. O Banco Central fiscaliza, mas não garante.

▷ Depende de sorte. Há uma assimetria. Quem é premiado no início é um grande privilegiado, livrando-se do aluguel. Mas quem fica para o final passa um longo período sem receber juros reais pelo seu capital.

▷ Pode não resolver o problema de quem está pagando aluguel e tem pressa de comprar a casa. Ele precisa ser sorteado ou já ter uma boa quantia para dar um lance vencedor.

Fundos imobiliários

São condomínios formados para adquirir grandes empreendimentos, como um *shopping center*, um hospital ou um hotel. Semelhantes aos fundos de ações, esses fundos são administrados por instituições financeiras e fiscalizados pela Comissão de Valores Mobiliários. Os sócios recebem quotas, que podem ser revendidas a novos interessados. Os ganhos são gerados pela renda de aluguel e pela valorização dos imóveis.

São muito populares em países[3] onde o mercado de ações já se desenvolveu, porque guardam muita semelhança com esse tipo de investimento.

Alguns fundos brasileiros têm suas cotas negociadas na bolsa de valores. Isso garante mais transparência aos negócios e aumenta a liquidez. Os Fundos de Investimento Imobiliário brasileiros reúnem, atualmente, mais de R$ 2 bilhões aplicados em cerca de 60 fundos. Confira alguns desses fundos negociados na bolsa e suas rentabilidades mensais médias na figura 6.1.

---

[3] Nos EUA, são conhecidos como REIT (*Real Estate Investment Trust*).

Figura 6.1 – Fundos negociados na bolsa e suas rentabilidades médias mensais

Nome do Fundo	ABC Plaza	Continental Square	Europar	Financial Center	JK
Código na Bolsa	ABCPI1	FLMA11	EURO11	FFCI11	FJKI11
Rentabilidade em junho/08 para quem comprou no lançamento	1,30%	0,59%	1,38%	1,19%	1,06%
Rentabilidade em junho/08 para novos investidores	0,52%	—	0,82%	—	0,60%
Nome do Fundo	Almirante Barroso	BB Progressivo	Hospital da Criança	Shop. Higienópolis	Torre Almirante
Código na Bolsa	FAMBI1B	BBFI11B	HCRI11B	SHPH11B	ALMI11B
Rentabilidade em junho/08 para quem comprou no lançamento	1,41%	1,09%	1,64%	1,66%	1,02%
Rentabilidade em junho/08 para novos investidores	0,83%	0,80%	—	—	0,72%

fonte: www.coinvalores.com.br

O fundo imobiliário pode ser isento de impostos, inclusive Imposto de Renda, se seguir algumas determinações: distribuir, pelo menos a cada seis meses, 95% de seu rendimento aos cotistas; e não investir em empreendimento imobiliário que tenha como incorporador, construtor ou sócio um cotista que possua, isoladamente ou em conjunto com pessoa a ele ligada, mais de 25% das cotas do fundo.

> **ATENÇÃO**
>
> Se seguidas essas regras, o cotista pessoa física com até 10% das cotas é isento de Imposto de Renda sobre os rendimentos obtidos.

O cotista pessoa jurídica paga Imposto de Renda de 20% sobre os rendimentos obtidos. Já em relação ao ganho de capital, ou seja, a um eventual lucro na venda das cotas, a alíquota de IR é de 20% para qualquer cotista.

> **VANTAGENS (FUNDOS IMOBILIÁRIOS)**
>
> ▶ O cotista pode se tornar sócio de grandes empreendimentos com os quais ele nunca sonharia como investidor individual. Através dos fundos, ele pode ser sócio de um grande *shopping* ou de uma gigantesca torre de escritórios, por exemplo.
>
> ▶ Alguns fundos investem em prédios prontos já locados, reduzindo o risco do negócio.
>
> ▶ O cliente não precisa perder tempo com a administração dos imóveis. Ele terá profissionais dedicados a isso. Em troca, pagará taxas administrativas.

Desvantagens (fundos imobiliários)

- No Brasil, ainda não há um histórico sobre o desempenho dos administradores, vindo a dificultar muito a escolha pelo cliente. É uma decisão baseada apenas na idoneidade e no desempenho daqueles profissionais em outras atividades.

- Hoje, há baixa liquidez nas cotas, o que pode tornar a saída do negócio difícil no curto prazo.

- Quase todos os fundos brasileiros investem em apenas um empreendimento. O ideal seria diversificar, para diluir riscos.

Em poucas palavras

O potencial dos fundos imobiliários é muito grande. Mas a indústria ainda enfrenta dificuldades iniciais para crescer e estabelecer credibilidade no mercado.

Os títulos de capitalização funcionam como um incentivo à formação de poupança. Entretanto, as regras pouco flexíveis e a baixa rentabilidade lhes tiram o brilho.

Consórcios de imóveis são feitos em prazos longos, o que acentua sua assimetria. Tornam-se ótimos para os sortudos premiados logo de início e muito ruins para os azarados que ficam para o final.

> "Eu posso lhe dar qualquer coisa, exceto tempo."
> *Napoleão Bonaparte*

Capítulo 7

Alternativas para financiar a casa própria

"Preciso ter muito dinheiro para comprar um imóvel"

Imóvel é um produto diferente. Talvez seja a única mercadoria cujo preço é medido em múltiplos da renda anual de um indivíduo. Por isso, tanta gente busca um financiamento.

Comprar um imóvel sem ter todo o dinheiro implica procurar um banco. Dificilmente, será tão bom quanto comprar à vista. Mas existem algumas alternativas que podem tornar-se bem interessantes.

"O que eu preciso saber antes de conversar com o funcionário do banco?"

Ao fazer um financiamento bancário, você receberá um capital sobre o qual incidirão juros. Mensalmente, terá que pagar prestações (ou parcelas) até quitar todo o saldo da dívida. Cada prestação tem duas partes: amortização e juros.

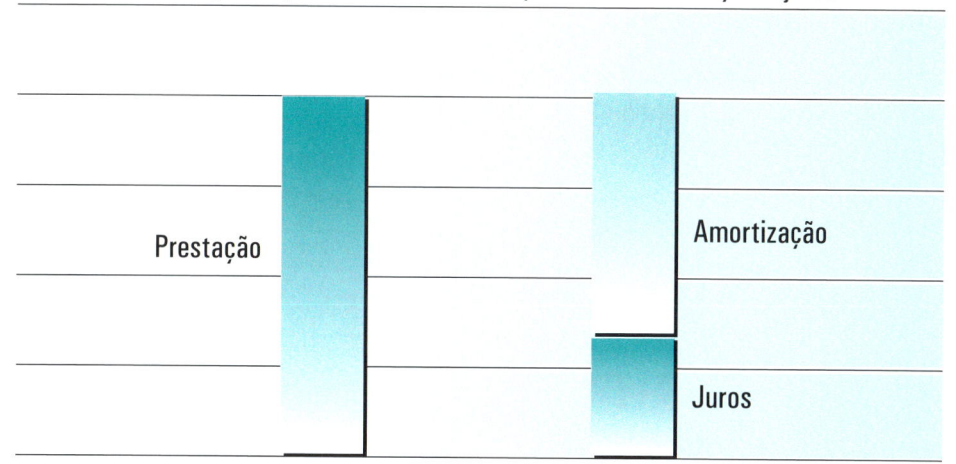

Figura 7.1 – Uma prestação se divide em duas parcelas: amortização e juros

PRESTAÇÃO = AMORTIZAÇÃO + JUROS

> **Amortização** é a parte do capital que está sendo devolvida ao banco.

> **Juros** são o "aluguel" do dinheiro que incide sobre todo o saldo da dívida, chamado **saldo devedor**.

Conforme exibe a figura 7.1, quando você paga uma prestação, estará pagando não apenas os juros do financiamento, mas também estará **amortizando**, isto é, devolvendo uma parte do capital emprestado.

AMORTIZAÇÃO = PRESTAÇÃO − JUROS

A taxa de juros incide sempre sobre o saldo devedor, isto é, sobre o total da dívida.

JUROS = SALDO DEVEDOR × TAXA DE JUROS

O QUE É SISTEMA PRICE?

É um sistema de financiamento que se tornou muito popular no mundo. Muitos o chamam de Tabela Price.

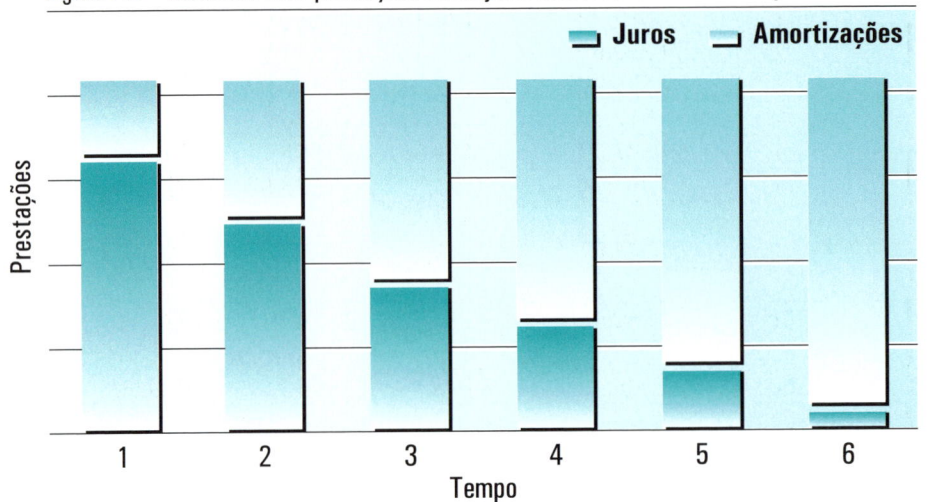

Figura 7.2 – Sistema Price: prestações fixas, juros decrescentes e amortizações crescentes

A figura 7.2 exibe o pagamento de um empréstimo em seis prestações fixas e iguais. Perceba que, no primeiro mês, a parcela dos juros é bem grande. A da amortização, embora pequena, já devolve uma parte do capital ao banco.

No mês seguinte, os juros vão incidir sobre um saldo um pouco menor. Vai sobrar dinheiro para pagar uma amortização maior. No terceiro mês, os juros incidirão sobre uma dívida menor ainda, sobrando mais dinheiro para a amortização.

No último mês, quase todo o valor da prestação será usado para amortizar o capital, já que a parcela dos juros será bem pequena.

Em outras palavras: em um sistema de prestações fixas (Tabela Price), os juros são declinantes e a amortização é crescente. Veja na figura 7.3 um exemplo simplificado, com juros fixos de 12% ao ano.

Figura 7.3 – Sistema PRICE – prestações fixas

Mês	Saldo devedor (R$)	Amortização (R$)	Juros (R$)	Prestação (R$)
0	60.000,00	–	–	–
1	59.879,90	120,10	600,00	720,10
2	59.758,60	121,30	598,80	720,10
3	59.636,08	122,51	597,59	720,10
4	59.512,34	123,74	596,36	720,10
5	59.387,37	124,98	595,12	720,10
6	59.261,14	126,23	593,87	720,10
12	58.476,82	133,99	586,11	720,10
24	56.760,46	150,99	569,11	720,10
36	54.826,43	170,14	549,97	720,10
72	47.424,25	243,42	476,68	720,10
96	40.792,60	309,08	411,02	720,10
144	21.680,44	498,31	221,79	720,10
168	8.104,79	632,73	87,38	720,10
180	0,00	712,97	7,13	720,10

Alternativas para financiar a casa própria

O que é SAC?

É um sistema de financiamento no qual as prestações são diferentes. Entretanto, a parte que se destina a amortizar o capital é constante. Em outras palavras, enquanto na Tabela Price as prestações são iguais, no SAC (Sistema de Amortização Constante), elas são diferentes. Mas, no SAC, **as amortizações são iguais**.

No SAC, as prestações são decrescentes, o que pode dar mais tranqüilidade ao devedor. Observe a representação gráfica do SAC:

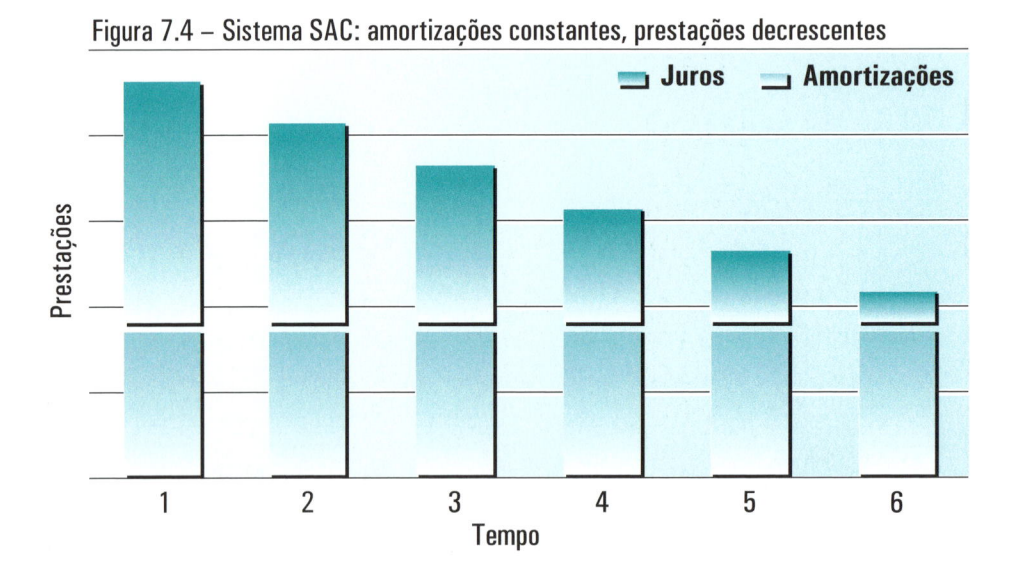

Figura 7.4 – Sistema SAC: amortizações constantes, prestações decrescentes

O QUE É SACRE?

No Brasil, alguns financiamentos usam o Sistema SACRE (Sistema de Amortização Crescente) que possui características do SAC (Sistema de Amortização Constante) e do Sistema Price. Periodicamente, há um ajuste pela Taxa Referencial de Juros (TR), que ocupou o lugar da correção monetária em muitos contratos imobiliários. A figura 7.5 exibe um financiamento com o Sistema SACRE, com juros de TR + 12% ao ano e prestações reajustadas anualmente.

Figura 7.5 – Sistema SACRE
(considerei 0,5% ao mês de variação na TR)

Mês	Saldo devedor (R$)	Amortização (R$)	Juros (R$)	Prestação (R$)
0	60.000,00	–	–	–
1	59.969,67	30,33	903,00	933,33
2	59.938,87	30,80	902,53	933,33
3	59.907,61	31,26	902,07	933,33
4	59.875,88	31,73	901,60	933,33
5	59.843,67	32,21	901,12	933,33
6	59.810,97	32,70	900,63	933,33
12	59.604,21	35,76	897,57	933,33
24	58.902,59	63,40	887,42	950,82
36	57.857,36	94,44	872,16	966,60
72	52.230,97	211,16	789,25	1.000,41
96	45.907,25	312,23	695,59	1.007,82
144	24.917,54	583,71	383,78	967,49
168	9.156,54	756,53	149,18	905,71
180	0,00	844,83	9,77	854,61

O que é melhor: Sistema Price ou SACRE?

Em financiamentos imobiliários no Brasil, foi feita uma mudança radical no Sistema Price. Devido às altas taxas de inflação, foram adotados indexadores ou juros variáveis, como a TR[1], por exemplo, para reajustar as prestações e o saldo devedor. Assim, a filosofia do Sistema Price (ter prestações fixas) foi mudada. Se o cliente tiver reajustes salariais abaixo da variação da TR, ele pode encontrar dificuldades pela frente.

Por outro lado, o Sistema SACRE impõe uma prestação inicial muito alta. Em compensação, ela é decrescente, depois de pouco tempo, o que facilita seu pagamento ao longo do prazo. Isso acaba reduzindo o número de mutuários em atraso.

E-MAIL

De: André, Rio de Janeiro (RJ)

Tenho 35 anos, sou casado e tenho um filho. Minha renda familiar é de R$ 3.100,00. Gostaria de tomar um financiamento imobiliário de R$ 60.000,00 para comprar um pequeno apartamento. Qual o melhor sistema: Price ou SACRE?

---

[1] A TR é uma taxa pós-fixada, divulgada depois da assinatura do contrato. Ela tem um valor diferente a cada mês.

Resposta:

André,

Montei um exemplo em que a prestação inicial no Sistema Price é de R$ 720,10 e no Sistema SACRE é de R$ 933,33[2].

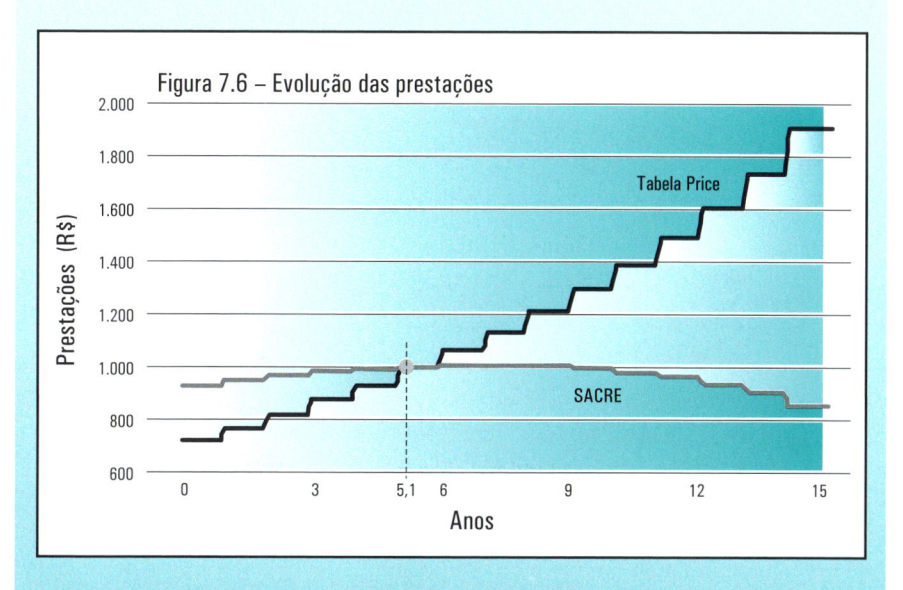

Figura 7.6 – Evolução das prestações

A vantagem inicial do Price será perdida em pouco mais de cinco anos, conforme a figura 7.6. A partir daí, a prestação no Price ultrapassa a do SACRE. No fim de quinze anos, ela chegará a R$ 1.911,38 no Price e a R$ 854,61 no SACRE. Caso sua renda suba menos que a TR, você pode ter dificuldades para pagar as prestações.

---

[2] Não considerei seguros e taxas administrativas.

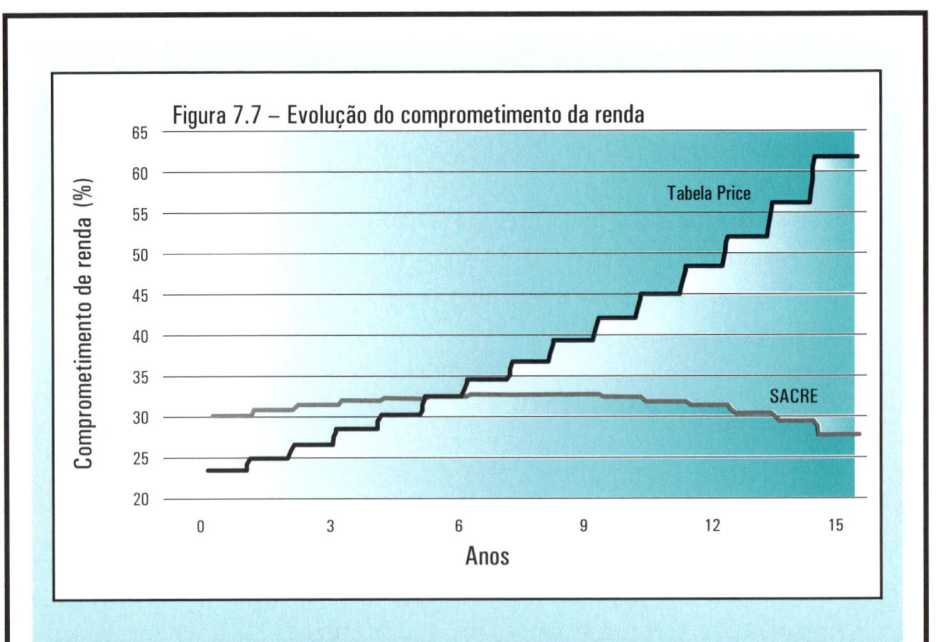

Figura 7.7 – Evolução do comprometimento da renda

A prestação do Sistema Price vai comprometer um porcentual cada vez maior de sua renda se você não tiver aumentos no período. A figura 7.7 revela que a pequena prestação do Price que comprometia 23,2% de sua renda sobe intensamente até comprometer 61,7%. Por outro lado, no SACRE, a prestação comprometia 30,1% no início, terminando com apenas 27,6%. Esse exemplo supõe que a TR seja reajustada a 0,5% ao mês e que sua renda mantenha-se estável ao longo do período do financiamento.

No Sistema Price, inicialmente, a parcela da prestação que sobra para amortizar o capital é muito pequena. Devido ao reajuste da TR, o saldo devedor sobe e ultrapassa o capital de R$ 60 mil nos dez primeiros anos. Uma surpresa bastante desagradável para muitos clientes.

Figura 7.8 – Evolução do saldo devedor

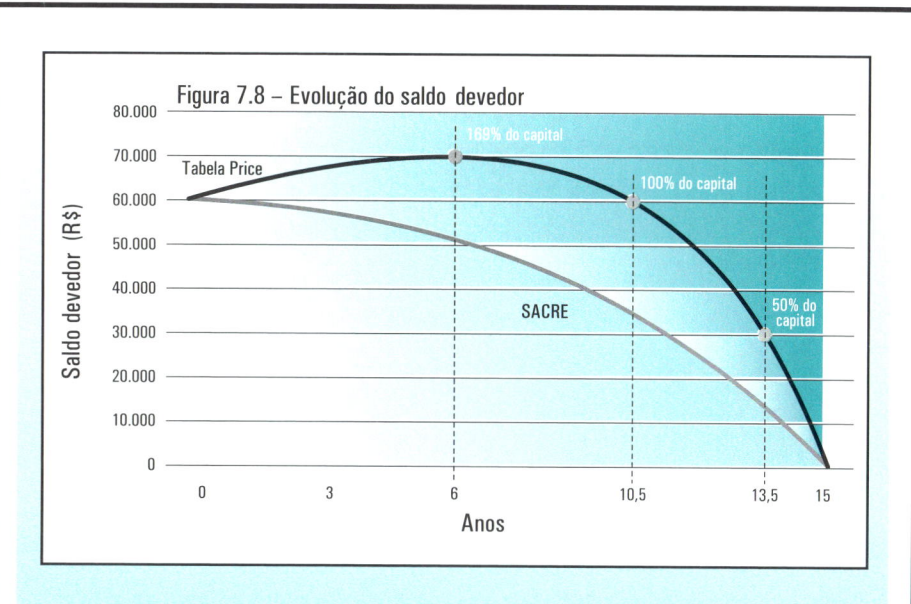

(Gráfico: Saldo devedor (R$) × Anos; curva "Tabela Price" atinge 116% do capital em 6 anos, 100% do capital em 10,5 anos e 50% do capital em 13,5 anos; curva "SACRE" decresce mais rapidamente.)

Na figura 7.8, temos a evolução do saldo devedor nos dois sistemas. Imagine ficar pagando 10,5 anos e ter o saldo devedor maior que o valor inicial do empréstimo. Isso gera um grande desconforto e você pode ter a impressão de que "não está saindo do lugar", apesar de ter pago prestações todos os meses.

Outro detalhe: no Price você vai levar 13,5 anos para pagar a primeira metade do saldo devedor. A outra metade será paga no 1,5 ano final. Em outras palavras, a sensação de alívio no saldo devedor surge apenas no finalzinho do contrato. Nessa "reta final", a parcela de juros dentro da prestação é pequena, enquanto a amortização fica bem grande, liquidando o saldo devedor em pouco tempo. Mas haja paciência para suportar tantos anos com saldo devedor alto, hein!

Por outro lado, no Sistema SACRE, o saldo devedor vai começar a cair em pouco tempo[3]. Com pouco mais de onze anos, você deverá ter reduzido à metade a dívida. Nos quatro anos finais, você liquidará o resto do saldo. Uma trajetória bem menos assustadora, não é?

---

[3] Se o reajuste anual pela TR for diferente de 0,5% ao mês, haverá alterações na análise.

O que você prefere? Tabela Price ou SACRE?

Sou conservador. Prefiro pagar uma prestação alta agora para não correr o risco de ficar inadimplente se a parte variável dos juros (TR, INCC ou IGP-M) disparar. Por isso, escolho o SACRE ou o SAC.

Por que alguns mutuários têm um saldo devedor muito maior que o valor de mercado do imóvel, depois de pagar mais de cinco anos de prestações?

Por três motivos:

- Como vimos anteriormente, o Sistema Price, modalidade usada em quase todos os contratos antigos, estabelece uma prestação inicial baixa. Se a TR subir muito, o saldo devedor pode ficar maior, mesmo depois de muitas dezenas de prestações pagas. Isso é desconfortável para o devedor, que tem a sensação, durante um longo tempo, de ter feito um mau negócio. Essa impressão nem sempre é verdadeira. Ele deve lembrar que, graças ao financiamento, deixou de pagar aluguel e isso é substancial, conforme discutimos em capítulos anteriores.

- A TR subiu muito além da inflação medida pelo IPCA nos anos de 1994, 1995, 1997 e 1998. Isso inflou o saldo devedor dos contratos. Felizmente, para o mutuário, houve uma inversão nesse comportamento a partir de 1999. A TR vem perdendo substancialmente do IPCA desde então. A figura 7.9 exibe o comportamento da TR, em cada ano, eliminando o efeito da inflação.

- Os imóveis tiveram um desempenho relativamente ruim durante o Plano Real. Eles não conseguiram suportar a forte concorrência dos juros pagos pelas aplicações financeiras. E, para piorar, os saldos devedores dos financiamentos subiram como nunca, em termos reais.

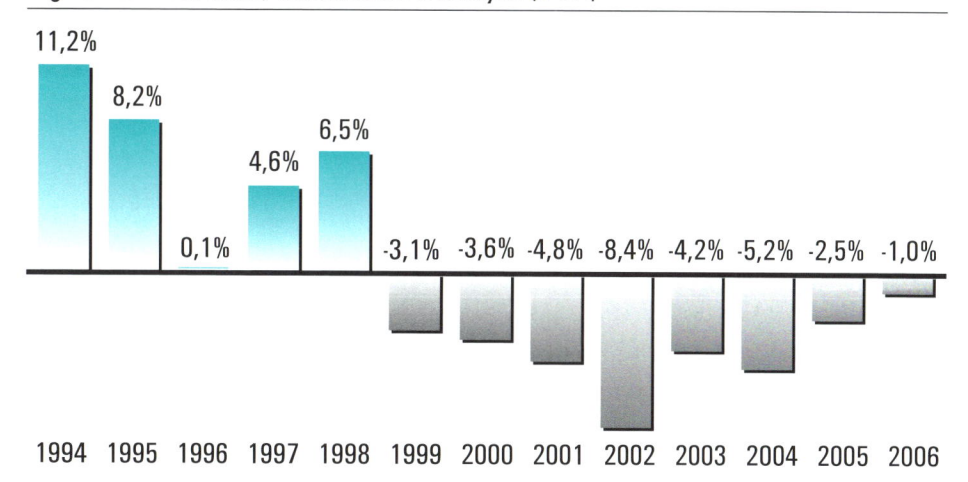

Figura 7.9 – TR anual, descontando a inflação (IPCA)

Ano	Valor
1994	11,2%
1995	8,2%
1996	0,1%
1997	4,6%
1998	6,5%
1999	-3,1%
2000	-3,6%
2001	-4,8%
2002	-8,4%
2003	-4,2%
2004	-5,2%
2005	-2,5%
2006	-1,0%

> **ATENÇÃO**
>
> Muitos trabalhadores não conseguem ter seus salários reajustados de acordo com a inflação ou com a TR. Se esse for seu caso, saiba que, a cada ano, a prestação no Sistema Price consumirá um porcentual maior de sua renda.

Ao assinar um contrato de longo prazo com uma taxa de juros variável, o mutuário fica na dependência de decisões governamentais. Infelizmente no Brasil, regras mudam com freqüência. Isso eleva o risco do devedor, que, eventualmente, pode ser surpreendido com uma medida contrária a ele. Pouco tempo depois, constatado o exagero, o mesmo governo pode alterar a regra, proporcionando-lhe um grande benefício. Como é difícil fazer previsões neste país...

Alternativas para financiar a casa própria

Como posso financiar a casa própria?

A Caixa Econômica Federal tem sido o principal emprestador de recursos para a aquisição de moradias. As principais linhas de crédito são:

> Carta de Crédito FGTS

- Pode-se financiar até 100% do imóvel, com até trinta anos para pagar.

- Fonte de Recursos que vem do FGTS (Fundo de Garantia por Tempo de Serviço) de milhões de trabalhadores. Mas o cliente não precisa ter FGTS para tomar o empréstimo.

- Taxa de juros: definida conforme a renda familiar bruta:

    Renda familiar bruta de R$ 380,00 até R$ 1.875,00 = 6% a.a
    Renda familiar bruta de R$ 1.875,01 a R$ 4.900,00= 8,16% a.a

    A taxa de juros é reduzida em 0,5% para pessoas com três anos de trabalho em uma ou mais empresa, sob o regime do FGTS.

- Sistema de amortização: SAC (Sistema de Amortização Constante).

- Renda familiar máxima: R$ 4.900,00 (para financiamento de imóveis situados nas regiões metropolitanas dos Estados de São Paulo e do Rio de Janeiro, do Distrito Federal e entorno, nos municípios com população igual ou superior a quinhentos mil habitantes, além das demais capitais estaduais e seus municípios limítrofes, que apresentam continuidade e integração territoriais de suas áreas urbanas) ou até R$ 3.900,00 (para compra de imóvel em outros municípios). O valor da parcela não pode ultrapassar 30% da renda familiar mensal.

- O público-alvo corresponde a 88% das famílias brasileiras.

- Limites de financiamento:

    até R$ 130 mil para imóveis no Distrito Federal e municípios das regiões metropolitanas de SP e RJ;

    até R$ 100 mil para os municípios com população igual ou superior a quinhentos mil habitantes, para os municípios do entorno do Distrito Federal, além das demais capitais estaduais.

    até R$ 80 mil para demais regiões.

Para atualizações e mais detalhes, visite **www.caixa.gov.br**

SFH para a classe média

Os bancos mais atuantes nesse segmento são: CEF, Bradesco, Itaú, Unibanco, Santander, HSBC, Real e Citibank. Os recursos vêm da caderneta de poupança.

SFI (Sistema Financeiro Imobiliário)

O Sistema Financeiro Imobiliário é uma modalidade de financiamento criada após a implantação do Plano Real. A diferença em relação ao SFH é que todos os contratos são feitos com alienação fiduciária do imóvel, e não hipoteca. Com isso, a instituição financeira pode reaver o imóvel com maior facilidade em caso de inadimplência, num prazo máximo de noventa dias.

Programa de Arrendamento Residencial – PAR

Atende, exclusivamente, a necessidade de moradia da população de baixa renda dos grandes centros urbanos. É feito um contrato de arrendamento residencial, com opção de compra no fim do período. Assim, a família paga um aluguel por cerca de quinze anos e, no fim, compra a casa por um valor simbólico. Se houver interrupção no pagamento, ela tem que se mudar.

Parece-me uma grande saída para a população menos favorecida. Desejo que esse programa seja bastante ampliado.

Dicas

- Evite comprometer, inicialmente, mais de 30% de sua renda com a prestação de um imóvel.
- Prefira os modelos SACRE e SAC, que reduzem a chance de você ficar inadimplente.
- Use parte do saldo de seu FGTS para reduzir a dívida.
- Seja conservador: nunca entre em dívidas que exijam o limite máximo de sua capacidade de pagamento.

Atenção

No passado, alguns candidatos a financiamentos imobiliários pediam aos pais ou a irmãos para serem "sócios de mentirinha" no imóvel. Eles desejavam aumentar a "renda comprovada" na proposta para obter um crédito maior. Tinham a esperança de que as prestações, em pouco tempo, ficariam defasadas e que eles próprios poderiam pagá-las sozinhos. Isso funcionou bem durante os "bons tempos" do SFH. Entretanto, a realidade hoje é bem diferente. O subsídio praticamente inexiste. As taxas de juros são altas e as prestações dificilmente se reduzem.

> "Você pode fazer coisas com imóveis que ninguém acredita."
> *Frank Curry*

Capítulo 8

Direito imobiliário na prática

Dr. Carlos Eduardo Paletta Guedes

Vivemos num mundo altamente regulado. São leis, decretos, tratados, medidas provisórias, resoluções, instruções normativas, dentre outros tipos de regras a controlar nossas vidas, impondo condutas e prevendo sanções. Dentro desse universo complexo, o cidadão comum, leigo no "juridiquês" (a linguagem do Direito), fica sujeito a todo tipo de obstáculos e armadilhas, como se estivesse a tatear objetos no escuro. E isso ocorre em relação a todos os ramos do Direito.

Na compra de um imóvel, como não poderia deixar de ser, isso também acontece. O Direito regula os procedimentos que envolvem a aquisição de um imóvel, e é muito importante que o cidadão conheça essas regras. Obviamente, a participação de um advogado especialista ajuda — e muito. No entanto, você não quer continuar no escuro, sem saber o mínimo necessário para que se sinta seguro nos passos que pretende tomar. Daí a importância de conhecer o essencial do campo do Direito dedicado aos imóveis.

Passemos, então, a analisar os conceitos básicos e cuidados que qualquer um deve ter no momento de dar tão importante passo em sua vida: comprar um imóvel.

O começo

A transação imobiliária envolve direitos e obrigações para ambas as partes, vendedor e comprador. A principal obrigação do comprador é pagar. No entanto, seu papel não se resume a isso: o comprador deve agir com critério, cautela e atenção, de modo a controlar todas as fases do negócio imobiliário. Existem dois caminhos principais para que o comprador adquira seu imóvel.

A primeira opção é a **compra à vista**. Nesse caso, a aquisição do imóvel será efetivada em um único instrumento, através de escritura pública, lavrada perante um tabelião de notas, o qual, para lavratura (redação) desse instrumento, deverá ter em mãos toda a documentação do imóvel, principalmente aquela relacionada aos tributos. Aí se incluem o pagamento do imposto de transmissão, a regularização do IPTU (Imposto Predial e Territorial Urbano) e todos os demais encargos relativos ao imóvel (como o laudêmio, por exemplo). Lavrada (redigida) a escritura e efetuado o pagamento, transfere-se imediatamente a propriedade do imóvel ao comprador, o qual deve ter o cuidado de registrar essa escritura pública de compra e venda no cartório de registro de imóveis da cidade. Só quando se realiza o registro do imóvel é que se aperfeiçoa definitivamente a transferência desse imóvel; então, a propriedade plena passa a ser do novo proprietário. Mais adiante, iremos esclarecer os cuidados que devem anteceder a concretização do negócio perante o tabelião.

A outra opção é comprar o imóvel de forma parcelada; nesse caso, a lavratura da escritura perante o tabelião ocorrerá somente após o término do pagamento. Elabora-se um **contrato de promessa de compra e venda** (também conhecido como compromisso de compra e venda), em que são estabelecidas as condições de preço, prazo e demais cláusulas contratuais necessárias à concretização do negócio. É importante ressaltar que, mesmo no contrato de promessa de compra e venda, é conveniente que se faça uma averbação no cartório de registro de imóveis, para maior segurança do comprador.

Também é bom destacar que, mesmo na promessa de compra e venda, não se deve deixar que a informalidade prejudique as garantias e os cuidados fundamentais, para que não haja problemas futuros. Assim, mesmo no contrato de promessa de compra e venda, devem ser tomadas todas as cautelas para a aquisição do imóvel. Vamos examinar, a seguir, de forma resumida e prática, quais os cuidados que um comprador deve ter, tanto nos negócios efetivados à vista (com escritura definitiva no cartório) quanto naqueles realizados a prazo (através da promessa de compra e venda).

A nossa lei (Código Civil, Artigos 1.417 e 1.418) estabelece regras importantes a respeito da promessa de compra e venda:

ATENÇÃO

> **Art. 1.417** – Mediante promessa de compra e venda, em que se não pactuou arrependimento, celebrada por instrumento público ou particular, e registrada no Cartório de Registro de Imóveis, adquire o promitente comprador direito real à aquisição do imóvel.

> **Art. 1.418** – O promitente comprador, titular de direito real, pode exigir do promitente vendedor, ou de terceiros, a quem os direitos deste forem cedidos, a outorga da escritura definitiva de compra e venda, conforme o disposto no instrumento preliminar; e, se houver recusa, requerer ao juiz a adjudicação do imóvel.

Em outras palavras, podemos destacar o seguinte:

> O promitente comprador tem direito real à aquisição do imóvel, podendo exigir do vendedor a escritura definitiva, desde que a promessa esteja registrada no cartório de registro de imóveis.

> Havendo recusa por parte do vendedor, o juiz determinará que se cumpra o que consta da promessa, adjudicando (transferindo sob comando da Justiça) o imóvel.

Ainda sobre a compra e venda, algumas dicas preliminares devem ser observadas para que o negócio ocorra de forma tranqüila e pacífica entre as partes.

Dicas

- A propriedade do imóvel deve estar regularizada, ou seja, a escritura em nome do vendedor deve estar devidamente registrada no cartório de registro de imóveis.

- O imposto predial e territorial urbano (IPTU), bem como as taxas de água, esgoto, energia elétrica e condomínio devem estar em dia.

- Confira se o imóvel está desimpedido e se pode ser legalmente vendido. Por exemplo, verifique se não há nenhuma decisão judicial tornando o bem indisponível. Veja também se não há nenhum ônus sobre o imóvel (penhora, por exemplo).

- Não se esqueça do Imposto de Transmissão de Propriedade (ITBI), das taxas exigidas para que a escritura seja lavrada no cartório de ofício de notas e das taxas para registro no cartório de registro de imóveis.

- Verifique se o imóvel não pertence a menores de idade; nesses casos, a venda somente poderá ser realizada mediante prévia autorização judicial. Em caso de sucessão por herança ou separação judicial, verifique o formal de partilha e seu registro.

- Em caso de compra à vista, exija a escritura definitiva no ato do pagamento. Se não for à vista, verifique o contrato de promessa de compra e venda.

Compra e venda de imóvel pronto

No caso de imóvel pronto, encontramos algumas vantagens em relação à compra de imóvel em construção ou na planta. Se o imóvel está pronto, o comprador pode avaliá-lo no local, verificando, assim, as condições, o acabamento, as especificações, os materiais utilizados, dentre outros itens de interesse. Poderá ainda avaliar algo muito importante: a existência jurídica do imóvel, ou seja, se está devidamente registrado no cartório. Lembre-se: não basta que o imóvel exista de fato, no mundo real. Ele também deve existir no mundo legal e, nesse aspecto, alguns cuidados essenciais devem ser tomados. São eles:

> Em primeiro lugar, para que a construção exista no mundo jurídico, alguns documentos fundamentais devem ser analisados: baixa de construção e habite-se, da prefeitura, além da certidão negativa de débito (CND) do INSS, demonstrando que não há pendências previdenciárias. Você poderá encontrar tais documentos no cartório de registro de imóveis local.

> Outro fator importantíssimo diz respeito à legalização do condomínio. Para que o apartamento ou sala tenha existência como unidade autônoma, o instrumento de instituição, especificação e convenção do condomínio deve estar registrado no mesmo cartório em que os documentos da edificação foram averbados. Somente após formalizada essa etapa é que a unidade poderá se tornar propriedade de um comprador.

> E se o vendedor não estiver com os documentos regularizados? Se não houver registro em cartório, por exemplo? Muito cuidado nesses casos! O ideal é procurar saber se o vendedor já deu andamento na regularização do imóvel e do condomínio. Exija cópias autenticadas dos documentos que provam que houve encaminhamento dos originais ao cartório. Fique bastante atento, pois você só poderá vender o imóvel a terceiros se a situação estiver totalmente regular.

Apartamento no litoral e laudêmio

Quando a pessoa se anima a adquirir um imóvel na praia, geralmente para aproveitar as temporadas de verão, ela se depara com outro valor a ser pago. No momento da compra e venda com escritura definitiva, deve ser pago, além dos encargos normais, o laudêmio, um tributo federal obrigatório cobrado quando o imóvel se localiza em terrenos denominados de marinha ou aforados. Além dos casos de imóveis à beira-mar (de marinha), o laudêmio também é cobrado na escritura, por exemplo, quando o terreno pertence à Igreja Católica ou é originário da Coroa (como ocorre na cidade de Petrópolis).

Compra e venda de imóvel na planta ou em construção

Nessa hipótese, a lei autoriza que seja feita promessa de compra e venda de imóvel que ainda não existe de fato nem de direito, ou seja, quando não há a unidade pronta averbada no cartório de registro de imóveis. No entanto, a lei exige o cumprimento de alguns requisitos por parte do construtor/incorporador. Para um melhor entendimento deste tópico, vejamos o que é a incorporação:

Em poucas palavras

Incorporação é o que permite que unidades autônomas da edificação sejam vendidas quando ainda não foram construídas, podendo haver venda até na planta. Para que tais unidades (que ainda não existem) sejam vendidas, é indispensável que a incorporação imobiliária esteja registrada.

Quando a unidade ainda não está pronta, o comprador deve ficar atento à verificação de determinados documentos. De acordo com o Sinduscon/MG[1], o construtor/incorporador deve comprovar a existência dos seguintes itens:

- terreno sobre o qual será erguido o edifício, identificado e localizado de acordo com informações da prefeitura local;

- quem é o proprietário ou o titular da promessa de aquisição da propriedade do terreno, a partir de informações escritas fornecidas pelo cartório de registro de imóveis;

- projeto da construção do edifício, elaborado sob a responsabilidade de técnico inscrito no Conselho Regional de Engenharia, Arquitetura e Agronomia (CREA) e por ele assinado, devidamente aprovado pela prefeitura local (isto é, com alvará de construção);

- divisão do terreno, tanto das frações ideais correspondentes às unidades autônomas que irão compor o edifício, como do cálculo das áreas (privativa, comum e total) atribuídas a cada uma delas;

- especificação do acabamento que será dado ao prédio em geral (fachada, pisos e paredes do *hall* de entrada, portaria, corredores, escadas, etc.) e a cada unidade autônoma;

- promessa pública do incorporador para realizar o empreendimento, ou seja, a prova do registro da incorporação do edifício e arquivamento da documentação exigida por lei, no mesmo cartório de registro de imóveis referido acima.

Além disso, antes de assinar qualquer contrato, o comprador deve exigir do construtor/incorporador a apresentação dos seguintes dados, também segundo o Sinduscon/MG:

---

[1] Guia do Comprador de Imóvel – http://www.sinduscon-mg.org.br/midia/guia.html.

- cópia da certidão de registro da incorporação no cartório de registro de imóveis, solicitando inclusive cópia da convenção de condomínio;

- cópia do projeto arquitetônico da edificação devidamente aprovado pela prefeitura local, acompanhado da respectiva licença (alvará) de construção.

- dados concretos que confirmem a idoneidade moral e a capacidade financeira do incorporador para concretizar o empreendimento;

- informações claras e precisas sobre as especificações e o padrão de acabamento do prédio e da unidade autônoma a ser adquirida;

- informações claras e precisas sobre o regime de construção adotado;

- dados concretos (numéricos) acerca das áreas privativa, comum e total da unidade autônoma de interesse do comprador, bem como da fração ideal a ela correspondente, calculadas conforme o projeto arquitetônico aprovado e as normas técnicas da ABNT;

- informações claras e precisas sobre a garagem do edifício, a quantidade de veículos que comportará, forma de utilização e localização das vagas;

- outras informações que considerar necessárias após o exame dos documentos integrantes do processo de incorporação.

Hipoteca e alienação fiduciária

O imóvel hipotecado serve de garantia para um credor. Logo, é importante que o comprador saiba o que é a hipoteca. O credor poderá retomar o bem por meio de execução judicial ou extrajudicial em caso de inadimplência do devedor. É uma garantia de que o credor receberá seus créditos. A hipoteca vem perdendo espaço para a alienação fiduciária, já que essa é uma garantia mais segura para o credor do que a hipoteca, ou seja, o credor tem mais facilidade em tomar o bem no caso da alienação fiduciária.

Em poucas palavras

> **Hipoteca** de acordo com o Código Civil, em seu Artigo 1.225, é um direito real, inscrito no registro de imóveis. Ela assegura ao credor o cumprimento da obrigação por parte do devedor. A hipoteca vem perdendo espaço para a alienação fiduciária, que é uma garantia mais segura para o credor, pois ele tem mais facilidade em tomar o bem de volta.

> **Alienação fiduciária:** é o negócio jurídico pelo qual o devedor, para garantia do financiamento, passa ao credor a propriedade do imóvel, permitindo ao credor a retomada do bem no caso de não-pagamento da dívida. Em outras palavras, ocorre, por exemplo, quando um banco financia a compra de um imóvel pelo devedor; este, por sua vez, tem a posse do bem (pode usufruí-lo), mas não é o dono legalmente. Quem tem a propriedade é o credor, enquanto o financiamento não for quitado. A alienação fiduciária também é muito popular no financiamento de automóveis.

Leilões judiciais

Leilões judiciais são o procedimento para venda de bens penhorados pela Justiça. Em certos casos, tais leilões representam uma boa oportunidade de negócio, tendo em vista o valor de arremate (muitas vezes baixo) de um imóvel. Por se tratar de leilões públicos, os bens são vendidos pela maior oferta, independentemente da avaliação, desde que o lance (valor ofertado) não seja considerado vil pela Justiça. Deve-se ressaltar que não há parâmetro seguro para se conceituar preço vil; os juízes costumam considerar vários aspectos, como dificuldade de comercialização do bem e preço de mercado. No caso da aquisição de um imóvel em leilão judicial ou mesmo daqueles que foram retomados por agentes financeiros em razão de inadimplência, é sempre conveniente pedir a assessoria de um advogado de confiança, para que ele examine a regularidade do processo judicial e todos os trâmites do leilão.

Documentação

Antes de fechar qualquer negócio, como já vimos, uma pesquisa cuidadosa deve ser feita pelo comprador, e tal processo envolve uma série de documentos. Toda essa burocracia parece cansativa, mas pode garantir uma compra sem problemas. Portanto, não desanime. Alguns documentos merecem destaque, pois têm como finalidade tornar o negócio mais transparente.

Você pode verificar os seguintes documentos do vendedor e seu cônjuge:

- Certidão dos cartórios distribuidores da Justiça Cível, Justiça Federal e Justiça do Trabalho, para descobrir se há alguma ação movida contra o vendedor, ou cobrança de impostos, ou débitos relacionados a órgãos públicos que possam vir a atingir o imóvel.

- Certidão dos cartórios de protesto.

Em relação ao imóvel, os seguintes documentos merecem atenção:

- Certidão vintenária – nela, você encontrará um histórico do bem referente aos últimos vinte anos.

- Certidão negativa de ônus e alienação.

- Certidão negativa de débitos fiscais, especialmente relacionada à prefeitura municipal.

- Certidão negativa de débitos com o INSS.

- Comprovante de pagamento de taxas de água, esgoto, luz e, se for o caso, condomínio.

Contratos de gaveta

Tais contratos são assim denominados por não "aparecerem" oficialmente, ou seja, por serem negociações não registradas, extra-oficiais, "escondidas na gaveta". Esses contratos oferecem alto risco, uma vez que a pessoa assume o pagamento do financiamento feito por outrem perante um agente financiador. Por não ser registrado nem oficializado no cartório, o vendedor (aquele que repassa o financiamento) pode enganar o comprador (que assume o financiamento extra-oficialmente) ao vender para várias pessoas o mesmo imóvel. Outro risco é a morte do vendedor, já que seus herdeiros talvez não honrem o compromisso assumido pelo falecido. Pode ocorrer ainda a mudança do vendedor para endereço desconhecido, o que impede que o comprador quite o imóvel, já que é necessária a assinatura do vendedor. Como o comprador não aparece oficialmente, ele não pode usar seu FGTS para quitar o imóvel ou amortizar a dívida. Por fim, se o imóvel tiver de ser penhorado em razão de dívidas do vendedor, o comprador nada poderá fazer, pois legalmente é o vendedor que aparece como titular daquele bem.

Como se vê, o risco é enorme para o comprador, que pode pagar por um imóvel anos a fio para, de repente, ver-se sem nada. Quanto ao vendedor, este também corre um grande risco: em caso de não pagamento das prestações pelo comprador, é o nome que consta no contrato com o banco que vai para o Serviço de Proteção ao Crédito, ou seja, o nome do vendedor. Por isso, deve-se oficializar o contrato de gaveta, para que se tenha maior segurança e se evitem problemas futuros. Se você tem um contrato de gaveta, consulte um advogado sobre a possibilidade de regularizar a situação perante a Justiça, a qual tem reconhecido, em alguns casos, a validade desse tipo de compromisso.

Compra de imóvel alugado

Se você comprar um imóvel que tenha um inquilino, antes da aquisição, verifique se o proprietário anterior deu o direito de preferência ao locatário (inquilino), para que ele pudesse adquirir o referido imóvel. Isso está previsto na Lei nº 8.245/91, chamada popularmente de Lei do Inquilinato, no seu Artigo 27.

Adquirido o imóvel com inquilino, o novo proprietário poderá denunciar o contrato (pedir o imóvel) com uma notificação de prazo de noventa dias para desocupação, salvo se existir contrato com prazo determinado. Nesse último caso (contrato de prazo determinado), terá de ser respeitado o prazo combinado no contrato existente de locação. Se você tiver interesse em continuar a locação, é só não exercer o direito de denúncia, conforme o Artigo 8º da Lei do Inquilinato.

Boa compra!

Finalmente, em caso de qualquer dúvida ou complicação no andamento do negócio, converse com um advogado de sua confiança. Também é de fundamental importância que o corretor seja experiente e contribua para a transparência e o sucesso do negócio. O importante é ter uma atitude preventiva, evitando que problemas venham a atrapalhar o momento tão especial que é o da compra de um imóvel. Tomadas todas as cautelas, dificilmente você terá dores de cabeça futuras.

Então, boa compra!

> "No trajeto para a Torre Eiffel, nem uma só vez olhei para os telhados de Paris: eu flutuava sobre um mar de branco e azul, nada mais vendo senão meu objetivo."
>
> *Alberto Santos Dumont*

Capítulo 9

Objetivo final

O investimento em imóveis revela-se vencedor no longo prazo. Tão importante quanto isso, a compra da casa própria oferece grandes benefícios psicológicos e sociais.

Vale a pena o esforço para se adquirir o primeiro imóvel. Certamente, esse será o mais difícil desafio. Os que atingirem a meta ainda jovens poderão buscar novas aquisições para complementar a renda familiar na idade madura.

Sob o ponto de vista financeiro, a maior virtude de um imóvel é a disciplina que se adquire quando se sonha com a casa própria. A redução de despesas não essenciais pode ser obtida a partir do planejamento e do controle, hábitos saudáveis que precisam ser incorporados ao dia-a-dia das famílias brasileiras.

Desejo que você possa tomar, com mais segurança, decisões em sua vida financeira e, em particular, em novos negócios imobiliários.

Se tiver oportunidade, escreva para *mauro@halfeld.com.br* relatando-me suas sugestões e críticas. Certamente, elas serão muito úteis ao aprimoramento deste trabalho no futuro.